金庸逸事

沈西城——著

推薦序　有緣自能重逢

吳思遠

萬事皆緣，信焉。識沈西城兄逾四十載，當年我倆皆青春年少，沈君喜寫作，活躍於報壇、歌壇、文壇，由於善操滬語，和上海南來之一批著名文化人、歌星、藝人，水乳交融，知道的掌故、逸事甚至花邊新聞特多，他記憶力驚人，久遠的人物、事件均能如數家珍。數年前重遇沈君，便提議何不將值得回味的藝壇趣事、逸事記錄成文，供大家欣賞、懷舊一番。

多年不見，沈兄文字功力大進，遣詞造句幽默不失典雅，文思敏捷的他年內便成書數冊，有《舊日滄桑》、《西城憶往》、《舊日風景》、《西城紀事》等，一時洛陽紙貴，讀者好評如潮。

某日閒談時無意中提起金庸先生，咸認為他是當代華人文壇第一人，無出其右，我靈光一閃道：「你知金庸甚詳，何不寫一本有別於正統人物傳記的《金庸逸事》？」金庸先生我除了是他忠實的武俠小說讀者外，更佩服他對家國、社會大事的深刻分析，當年《明報》每天由他親自執筆的〈社評〉我是每篇皆讀，他創辦的《明報》月刊我每期皆閱，數十年至今。一九九八年我任香港電影金像獎主席，邀請他來頒《最佳劇本獎》，他電話中很爽快地答應了，頒獎當日見面，我稱他是我們電影界的前輩（因我知他曾在長城影業任編劇及導演），他大笑道：「那是很久以前的事了！」顯得很高興。我在台上介紹金庸先生出場時曾這樣說：「中國文壇巨匠，世界上有中國人的地方就有他的讀者！」當天金庸先生談到劇本在電影創作中的重要性，當他還想進一步講述時卻被台下電視台FM（場務）打手勢中斷了，這一直是我多年來耿耿於懷的事。

如今《金庸逸事》書成，當我握筆寫此文時，突傳來金庸先生仙逝噩耗，巨匠走矣，從此江湖金大俠不再，但正如他在電視台曾說：「希望一百年後仍然有人讀他的書」。

當然，我們會永遠懷念他。

傷感中匆匆以此文作序。

二〇一八年十月三十日

推薦序 喜見沈西城筆下《金庸逸事》

楊興安

和沈西城兄在八十年代初相識，當時身處無線電視台混編劇，雙方只是點頭之交。後來胡菊人、倪匡等成立香港作家協會，再次碰頭，比較熟稔。不久，在報刊上讀到他寫的《梅櫻集》，大感詫異。因為文章言之有物，筆法精淳，全無蔓蕪之句。點到即止，清楚玲瓏，而又予人一種閱讀上的暢意。三十多歲青年，下筆竟有如六七十歲作家的健筆，深為佩服。

八十年代中替《星島日報》專欄「細數才華」寫專訪，便約見沈西城，探問如何練就如此健筆。沈兄說本家姓葉，名關琦。笑談曾留學日本，但學無所成，多在居酒屋流連，反而弄到日語純熟。談到寫作，何以叫《梅櫻集》，因內容說中日兩國文化，故而名之。原來一字之淺，當日自己也太無知了。他又說曾盡讀魯迅全集，也許不知不覺間便受其感染吧。我再問何以近期再不復睹如此優雅文字，他神祕地笑而不答，像背著壺蘆賣什麼藥，我也不追問。再轉而大家談金庸小說。原來都是金著的「護法」，所以後來我把他談金庸的文章介紹給國內刊物。香港電視台訪問時也曾拉他一起出席佐談金庸，效果都很好。

這次由他動筆談金庸，深慶得人。

由於早年市肆有幾本談金庸本人的書出售，聽人家說金庸對所述都不大滿意。九十年代初我到武漢，認識年輕作家錢文亮兄（後來是北京大學博士）。他讀過我寫的兩本談金庸小說的專書，竟建議我寫《金庸傳》，說由我寫最適合。我感到很難寫得好，沒有答應。誰料別後他竟在國內報章上吹噓，刊出這種意見，又被一些報章轉載、又竟然被金庸老人家讀到。其後在一次文化盛會中碰到金庸，他說想找我很久了。我正奇怪，原來他叮囑我不要為他寫傳。我辦事有時得過且過，也不愛追問原因。他提拔我為祕書，還可以不應允他嗎？從此便與這念頭決絕。這次由文筆頂級的老西城動筆，不是深慶得人嗎？

沈西城是帶有點江湖豪氣的作家，交遊廣闊，讀過其中兩章，以金庸圈子中金庸朋友，反映金庸性格言行，以側面筆法描述當代大文豪，其出色的可觀性及娛樂性當絕無冷場。在嚴肅角度而言，其價值直逼當代文獻，可料數十年後、甚而百年後亦有讀者追讀，或藉源深究。沈兄大著之洛陽紙貴，當可斷言。

今蒙邀約為序，樂而為之，光寵甚焉。

戊戌秋日於香港

自序 金庸小說無出其右

沈西城

金庸去世，毀譽參半，不少人不滿彼對婚姻的不忠，於政治立場的搖擺不動，予以撻伐。人非聖賢，孰能無錯！古語有云「不以人廢言」，我服膺此說，愛讀金庸小說。倪匡說「古今中外，空前絕後」。有點兒誇大，實出自肺腑。有人分析金庸小說缺乏大時代生活的描述，深度不足，並舉托爾斯泰《戰爭與和平》為例，然則川端康成的《雪國》、《伊豆舞孃》又作如何看待？既缺時代背景，亦欠離奇情節，卻得諾獎評委賞識。因知小說並無定類，能感人肺腑者就好。金庸小說正好做到了這一點，你能忘記楊過的痴？段譽的憨？郭靖的義？喬峰的俠？不管你們喜歡或討厭金庸，有一點我們無法否認，直到目前能寫武俠小說的作家，沒有一個比他好，比他強，這就夠了！

戊戌年冬 西城序於隨緣軒側

目次

第一章

三晤金庸

七〇年代金庸在渣甸山府邸的千呎書房裡伴書淺笑。

一九七五年某個夏天，驕陽似火，揮汗如雨，我第一趟見到金庸。那一年，中日反霸權問題鬧得很兇，《明報》國際版編輯毛國昆、毛國倫昆仲，特別召開了一個座談會（註：其時中蘇邊界一帶，蘇聯聚集了二百萬大軍，載有核彈頭的導彈正對準中國的首都北京。而日本也為了北方四島跟蘇聯鬧個不休，蘇聯態度強硬，堅決拒絕歸還四島，日本礙於兵力不強，不敢訴諸武力，剛巧碰到中國大陸處於同樣處境，唇亡齒寒，同病相憐，於是兩「情」相悅，攜手討論起反霸權的問題來，希望藉此引起國際間注意，對蘇聯施加壓力，緩和劍拔弩張的緊張形勢），邀請日本報界駐港特派員參加。《明報》方面，更是隆而重之，出席的是社長金庸與司馬長風。司馬長風是著名的文史學者、日文翻譯家和政論家，所撰《集思錄》，排日刊於《明報》副刊顯著位置，讀者萬千，彼以「秋貞理」筆名撰寫的散文，委婉曲致，情美並茂，追讀者眾；而金庸除了以武俠小說鳴於世，幾乎每日都在《明報》寫一段社論。他的社論，言簡意賅，見解透闢，深受讀者歡迎，時日一久，也就引起海峽兩岸政要的注意。因而有人說：「《明報》之能夠暢銷，跟金庸寫的那段社論大有關係。」事實是否如此，不敢妄定，可的確有許多人是為了看金庸的那段社論而買《明報》的。

司馬長風跟金庸撥冗出席這個座談會，正好說明《明報》對中日反霸權問題的重視。由於出席這個座談會的，大部分是日本人士，毛國昆便央我這個粗通日語的小伙子擔任通譯，我一聽，兩腳直跺，額角冒汗。老實說，以我當時的日語程度，當不足膺此大任。毛國昆怕我推搪，不斷遊說，仍撼不動我的意志，可當他說金庸也會出席時，我的膽子頓壯，勇氣來矣。一直以來，我都是金庸迷，他寫的武俠小說，全讀過，而且不止一遍，而是像倪匡那樣一看、再看、三看的讀下去。（偶像出現，書迷哪有不去覲見的道理？不管日語水平如何低，去之可也，怕啥？）

座談會地點是中環於仁行（今已拆卸）的「翠園」酒家（註：座談會分兩

七〇年代金庸、倪匡、古龍武俠三大家言笑晏晏，最右者為《明月》老總胡菊人。

輪舉行，第一輪我沒有參加）。週末下午，我穿上一襲深藍西裝，結上淺藍白點領帶，匆匆走進貴賓房時，金庸還沒到，嘉賓倒是已來了好幾位。毛國昆逐一為我介紹：這位是《讀賣新聞》的本池滋夫、《朝日新聞》的伊藤；那位是《東京新聞》的花浩、《每日新聞》的林慧兒……Konichiwa，你好你好！一一握手寒暄。

雖說是駐港特派員，除了林慧兒、本池能說一點國語之外，其餘幾位都只能講日語，連普通英語也說不來，我的蹩腳日語只好硬派用場。「你不是很想見見查先生嗎？剛打個電話去渣甸山的家，過多一會就會來了。」毛國昆走過來，帶著笑容安撫我。我登時緊張起來，心儀已久的人物，到底會是怎個模樣兒呢？在金庸還未踏進翠園之前，我心念電轉，把各式各樣能想像的容貌都在腦海裡打了個轉：風流瀟灑？神采非凡？飄逸俊雅？文質彬彬？唉！想昏了頭！

我跟眾特派員閒談了一會兒，魁梧健壯的司馬長風，一襲花夏威夷、一條灰長褲，神采飛揚地來了。本池在東京外語大學唸過中國語，看得懂中文，拜讀過司馬長風的文章，跟司馬很快便談得投契。我交談的對象便只好限於伊藤、林慧兒與花浩，你一言我一語，話題不離中日反霸權。林慧兒、伊藤等言辭激昂，指責蘇聯霸道。我不贊一言，對政治，我並不太懂，搭不上嘴，興許在日本讀過一段時期的書，對日本人的性格多少有點兒了解，談起來還不致太隔閡。

五點鐘開會，金庸比原定時間晚了五分鐘才到，抱拳，連聲「對不起、對不起」。第一眼看到金庸，說良心話，真有點失望。他完全不是我心目中的那種形象。想像中的金庸（昏頭後，拼湊起雛形），戴金絲框眼鏡，高瘦韶秀、書味洋溢。可眼前的金庸嘛，身形微胖，樸實無華，哪有半點兒文采風流？乍看，更像一個生意人。穿了一襲灰色西裝，襯衫領子皺巴巴，領帶斜歪歪，沒結好。還有呀，那對皮鞋，嘿！塵埃滿佈，黑鞋已全灰。這身打扮，真教我懷疑站在面前的，真是我崇拜莫名的武俠小說作家金庸？可毛國昆作介紹時，明明白白的這般說：「這位是查先生！」（金庸本姓查——音渣，名良鏞，浙江海寧人士，金庸是他的筆名，是從「鏞」字拆開來的。）既然是查先生，那麼確是金庸無疑了。我微微有些兒失望，也只好接受眼前的事實。大概毛國昆已經向他介紹過了，金庸一見到我，萬分客氣地說：「沈先生，多謝你幫忙！」我低低地回說：「不謝。」金庸到場後，座談會立即開始。毛國昆首先發言，我從旁通譯。簡單作過開場白，挨到金庸說話。金庸一開口，我更加楞住了。金庸小說，構思奇巧，佈局多變，不由你不佩服，可聽得金庸講話，你定會詫異萬分。天哪！彼之口齒，殊不靈光，斷斷續續，拖拖拉拉，螺絲吃盡，教人不耐。難怪在我見到金庸前，朋友已告我查先生有輕微口吃的毛病，遂有心理準備，可怎麼想到他會如斯的拙於辭令呢？

一個有口吃小毛病的人，居然能夠寫出那樣出色的小說和評論，太不可思議。大家都看過《鹿鼎記》吧，韋小寶不少對白，是那麼「機伶刁鑽」、「刻薄辛辣」，繞彎罵人而人不知是罵他，讀之捧腹，不能自已。呀！真虧木訥樸實的金庸能夠想得出來。由是可知，寫和說到底是兩碼子的事。這一天的座談會，談了一個多小時，由毛國昆負責筆記和錄音。會談後的第二天，毛國昆就把錄音帶交給我，要我翻譯出來，叮囑說：「查先生特別交代，翻出來後，讓他過目。」一對《明報》的立場，金庸十分謹慎，反霸權牽涉到政治問題，在四人幫橫行的年代，萬一出岔子，可就麻煩，非得小心謹慎不可。我花了兩天兩夜工夫，不眠不休，耗盡心血，才把錄音帶裡的議論約略翻好，交給毛國昆，讓金庸過目。記錄後來在《明報》登了出來，引起極大反響。文章在個別段落，有著若干的修改，顯然金庸是仔細看過這篇記錄的。由於這段淵緣，我開始為《明報》國際版翻譯中日問題的文章。其時《明報》為中國問題權威，金庸社論，聽說連中國大陸的執政者如鄧小平、楊尚昆等，每天都會閱讀。我雖然

金庸的老朋友名作家農婦（孫淡寧）與明報編輯吳志標攝於昔日《明報》報館內。

有幸見過金庸，跟他並不熟悉，也沒有往來。嗣後我重翻他的小說，可能有過一次接觸吧，興味更濃，印象益深。

過了一陣子，孫淡寧（農婦）女士見我整天吊兒郎當，不是事兒，好意介紹我去《大任》週刊任職。上班不到兩三天，主編孫寶剛老先生跟我商量，擬在週刊搞一個文化界名人訪談，我想也不想就提議訪問金庸。孫先生連聲叫好：「這就定了，我找孫大姐（孫大姐原名孫淡寧，筆名農婦，丈夫馬老爺是金庸的同學），她跟查先生熟。」透過孫淡寧的介紹，一個初秋下午，太陽偏斜，金風送爽，我跟攝影記者阿朱，一逕跑到渣甸山去訪金庸。金庸的住所是一幢三層洋房，前面一個大花園，種滿不知名花草，乏人打理吧，枯萎凋謝，垂枝散蕊，一派蕭條。我跟阿朱由傭人延引到二樓金庸的書房坐下。金庸的書房，教我眼界大開，面積足足千呎有餘，鋪著蔚藍地毯，又如汪洋，四壁都是伸延到天花板的書架，上面擺滿各式各樣書籍，趁著金庸尚未現身，我好奇趨前看，大部頭的書便有《古今圖書集成》、《點校本二十四史》、一百巨冊的《大藏經》（按佛氏之經典曰「藏」，藏者包含蘊聚之義，「大藏」為漢朝佛教經典並東土高僧著作入「藏」者之總稱，略稱《藏經》，亦云《一切經》，版本繁多，已不記得金庸所藏究屬何種版本）、《涵芬樓叢書》等等。藏書多元化，除了文史書類外，有關

金庸與電視劇《神鵰俠侶》女演員（由左至右）王愛明、呂有慧、陳玉蓮、廖安麗、黃曼凝、歐陽珊珊合照。

音樂、舞蹈、電影、武術和圍棋專集都羅列俱全。角落一張大寫字檯，檯上地下，書籍盈帙。我環顧四周，不知怎的，眼前浮現起金庸看書的情況：雞鳴風雨，遙夜荒燈，捧著書本，繞案吟誦，如和尚唪唄，道士步虛，唸得滾瓜爛熟……這時，金庸悄悄走了進來，一見我，便說：「沈先生！我們是見過面了。」我謙遜一番，道明來意。

金庸很客氣，說：「不要說訪問，我們隨便談談。」

甫坐下，金庸書迷阿朱急不及待，開口問：「金庸先生！你怎麼會寫起武俠小說來的？」

金庸抓了一下並不濃密的頭髮：「那時候我在《大公報》做事，閒得無聊，老總羅孚先生叫我寫，便寫來看看。」

根據名報人羅孚（即絲韋）昔年在《新晚報》所寫的一篇雜文，金庸是在他的鼓勵底下方嘗試寫武俠小說的（註：一九五四年，太極老掌門吳公儀同白鶴派少壯陳克夫澳門新花園擂台比武，掀起武俠風潮。老前輩金堯如先生靈機一觸，諭羅孚覓人，羅孚先後找來梁羽生、金庸撰寫武俠小說，開創新派武俠小說先河。另有一說，名作家高旅早年以「牟松庭」筆名撰寫《山東響馬傳》，實為新派武俠小說濫觴）。不但金庸如此，梁羽生也是受知於羅孚。可以說如果沒有羅孚，便沒有金庸和梁羽生的橫空出世。金庸坦承從未做過任何長篇小說，寫武俠小說更是一點把握也沒有，兵來將擋，隨意為之。然而，《書劍恩仇錄》發表後，讀者熱烈捧讀，叫好聲不絕，要求長寫，金庸欲罷不能（其實自己亦復如是），便一篇篇地寫下去。金庸說小時候，喜歡看小說，尤其是那些章回小說，是他最鍾愛的讀物，一看，神領心悟，銘記心中。不知讀者們可有注意，金庸的小說，很有《水滸傳》的味兒，《射鵰英雄傳》人物眾多，都有綽號，「南帝北丐中神通」、「東邪西毒」、「老頑童」、「赤練仙子……」傳神阿堵，跟「九紋龍」、「黑旋風」、「浪裡白條」等諢稱，比儷並肩，了無遜色。

「查先生！你第一篇是《書劍恩仇錄》，對嗎？」阿朱又插話問。（犯渾！

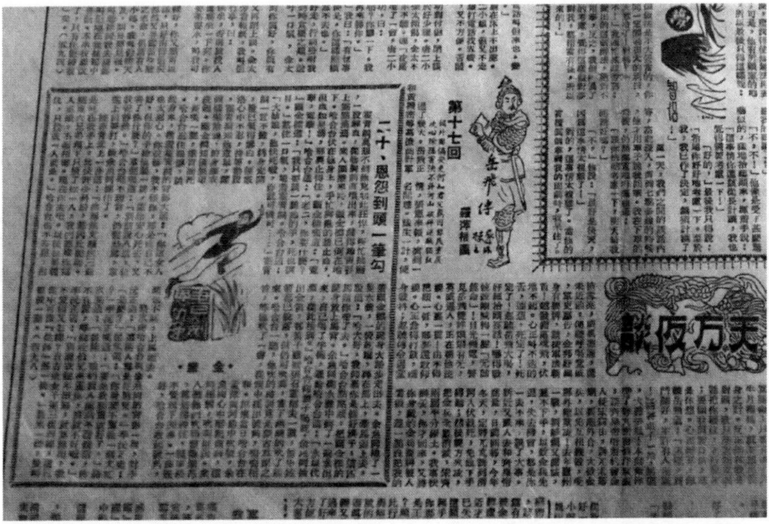
二十、恩怨到頭一筆勾
第十七回
天方夜談

金庸的第一部武俠小說《書劍恩仇錄》於一九九五年開始在《新晚報》連載。

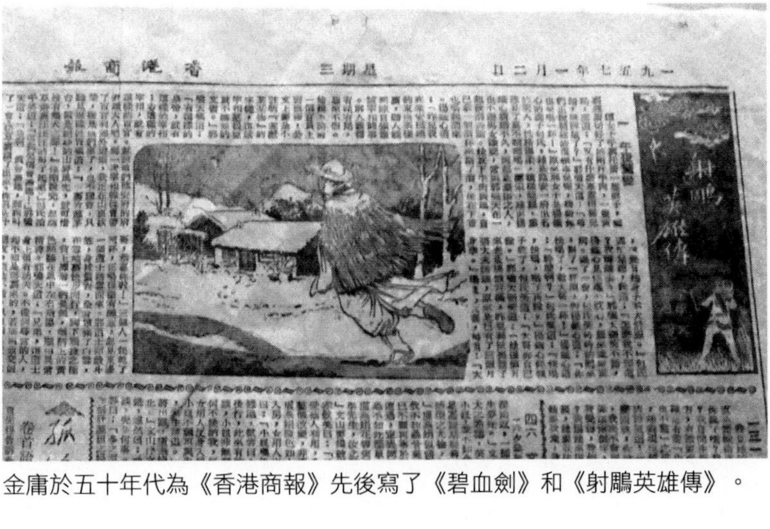
香港商報　星期三　一九五七年一月二日

金庸於五十年代為《香港商報》先後寫了《碧血劍》和《射鵰英雄傳》。

人家早已說了，還問？笨蛋！）

金庸不以為忤，點頭道：「是的，在《新晚報》連載，只是嘗試性質，沒有什麼冀望，如果反應不好，便打算擱筆不寫——」

「後來反應好，所以便一直寫下去。」我順勢替他接下去。

「哈哈！」金庸被我給逗得笑了起來。

「為什麼會寫《書劍恩仇錄》？」餘下的時間，我們一問一答起來。方便敘述，我建議用上海話，金庸高興極了，連聲說好：「對對對，小葉（談得投契，叫我「小葉」了），阿拉[1]都是上海人！」

「寫《書劍恩仇錄》嘛，因為我比較熟悉乾隆的故事。」金庸瞇著眼睛，一頭投人回憶。奇哉怪也，一講上海話，他的口齒開始敏捷靈活起來：「我的家鄉是浙江海寧，年幼時，常聽到家中長工在講乾隆是漢人的故事。乾隆本姓陳，是我同鄉。可能是這樣，我對這段事蹟印象很深，常想把它寫出來。羅孚要我寫武俠小說，我立刻想到這個題材，便把它寫出來虛應一下。這叫做駕輕就熟嘛，哈哈哈！」眨了眨眼睛，模樣逗趣，跟座談會上所見，活脫脫是另一個人。

---

1 編按：吳語方言，指我、我們。

「看你的武俠小說，發覺常常跟歷史有一定的關連，像《射鵰英雄傳》，背景放在北宋，《書劍恩仇錄》是講清朝的事，到底是什麼原因驅使你這樣做呢？」

金庸想了一下：「沒什麼，大概這跟我喜歡歷史有關吧！歷史很奇怪，它可以讓我們知道很多事，前事不忘，後事之師，毛澤東喜歡治史，相信與此有關。武俠小說一直以來，大多是向壁虛構，給人一種不盡不實的感覺，我想改變一下，在歷史的基礎上撰寫武俠小說，那樣，有了現實背景，讀者看起來，便會有真實感，更加投入。」

「你的武俠小說，除了伴隨著濃厚的章回小說味道，還帶有懸疑詭祕的情節，在描寫方面，也著重心理描述……」

金庸舉起手，打斷我的話，往下說：「小葉，你能看到這一點，很好。我年輕時，喜歡看《水滸傳》、《七俠五義》一類通俗小說。到進大學，開始接觸西方小說，期間，也看過不少偵探小說，因而覺得寫武俠小說，單靠一種手法是不行的，最好多變。換言之，若能向西方文學取經，將中西寫作技巧融匯結合起來，那就好了。不過，我絕不主張文字歐化，只——（語調堅定）借用西方技巧。」咱們仔細看，金庸的武俠小說的確做到了這一點，文字是純中國式的，技

金庸、倪匡暢談小說，各抒己見。

金庸、倪匡宴會上相見歡。

巧很明顯有些是沿襲西方，可經過金庸的匠心獨運，巧妙安排，早已不著痕跡。

「我看過《雪山飛狐》，這本書引起極大的話題，眾人議論的地方，便是它的結局：胡斐這一刀到底砍不砍下去？我想知道，你本意是怎樣安排的？」

金庸笑了一笑，有點自得：「有關這個問題，我早已面對好幾十次了，朋友們見面，總會纏著問胡斐這一刀砍不砍下去？老實講，我寫《雪山飛狐》的時候，是十分用心的，寫到後來，整個人已投入小說中，胡斐的矛盾，變作我的矛盾，苗人鳳的痛苦，也成為了我的痛苦，胡、苗世仇如何了斷，連我都決定不了，所以那刀到底砍不砍下，我也無法知道……」（呀呀！連作者本人也沒辦法，此結難解）金庸陷入沉思。對《雪山飛狐》金庸迷一直在追念，胡斐那一刀會否砍下去？竭力慫恿續寫下去，給他們一個滿意答案。叵耐金庸堅拒不續，隔了一段長時間，退而求次乞請倪匡跨刀，倪匡以前為金庸續寫過《天龍八部》，天衣無縫，讀者幾乎看不出來，確是理想人選。（註：金庸並不滿意倪匡的續寫，把阿紫的眼睛弄瞎了，再版時完全刪去。）

倪匡拒絕，三聲哈哈哈，朗聲道：「金庸的小說世上無人能續。」「包括閣下？」來人問。倪匡不住點頭：「那當然！」於是，《雪山飛狐》續集永遠胎死腹中。

「在這麼多本武俠小說中，你自己最喜歡哪一本？」阿朱邊問，邊提起照相機，對準金庸，咔嚓咔嚓怕了好幾張照片。

當時金庸回答：「『射鵰』與『神鵰』我都喜歡。」（現在，怕會改口說是《天龍八部》、《笑傲江湖》、《鹿鼎記》了吧？）

「後來你脫離了《大公報》，自己創辦《明報》，日理萬機，你利用什麼時間寫稿呢？」阿朱手不停舉，不住拍照。

金庸沉吟了一陣：「多數在報館寫。我寫稿速度其實很慢，遠遠比不上倪先生一個小時可寫四、五千字那麼厲害。一字一句斟酌，反覆思索——」皺了皺眉頭：「一千多字的稿，往往改了又改，起碼花上兩、三個鐘頭。」

「你喜歡白天寫稿，還是晚上寫呢？」我狠狠白了小朱一眼。（嘿！總愛打岔！）

金庸想也不想便回答：「晚上，那時比較清靜。一直以來，我的稿寫得並不多，通常只是寫一段連載。有一個時期，《明報》創辦《武俠與歷史》，為保銷路，我也在那裡寫連載（《飛狐外傳》）。同一時期寫兩個連載，在我已是破天荒之舉了。」金庸不同於倪匡，並非多產作家，惟僅憑那十五部武俠巨著，已足震古鑠今，在中國文學史上穩占一席。阿朱看來對金庸的武俠小說頗有研究，終於問了金庸一個很有意義的問題：「武俠小說是純文學作品嗎？」七十年代，兩岸許多知識分子對「文學」這個問題很是頑固保守，金庸的武俠小說雖然曾經夏志清、周策縱、劉紹銘等一班海外著名學者大力推薦，廣大知識分子仍視之為雕蟲小技，不值一哂。（最明顯的例子便是內地文人王朔力批金庸小說文字粗糙，難入文學殿堂。）

金庸苦笑一下：「以前的確有不少學者都看不起武俠小說，認為是小說者之流，不登大雅之堂。不過，近年風氣也有些轉變，有人（泛指夏志清等）提出武俠小說也是文學創作的一種，說不定有朝一日，得列廟堂的。」時至今日，武俠小說的地位確然有著很大的轉變，許多學者開始撰文評論，倪匡更寫了《我看金庸》，甚而《再看》、《三看》、《四看》。八十年代初台灣遠景出版社社長沈登恩將金庸小說引入台灣，金庸小說由是大盛，台灣文化界相應有不少學者開會討論金庸的武俠小說。八十年代以降，金風颳大陸，文壇掀起「金庸」潮，名家輩出，嚴家炎、陳墨、陳平原、馮其庸等學者著作，條分縷析，深及骨節，相互比競，各陳其旨，漪歟盛哉。九十年代內地推選近代十大作家，金庸排名僅在魯迅、巴金之後，名列第三。研究金庸小說，定名「金學」。武俠小說已在在文壇開花，樹立名堂，王朔之流早被打得啞口無言。訪談一個多小時，我下馬求道，敢問金庸如何撰寫武俠小說？

他率直回答：「我通常都先有個腹稿，也有人物以及人與人之間的關係表，繼而分章設段，因而下筆時，就不會出亂子。不過，在撰寫過程中，許多情節都會給推翻、改掉的，或增加、或減刪，看故事的發展而定。」

「查先生！你通常要花多少時候構思一部武俠小說？」講不聽、調皮鬼阿朱又來插話。

「很難說。」金庸考慮了一下：「其實許多故事早已在腦海裡，不過只是一個雛形，到想要寫時，便慢慢的思索，讓它成熟起來。」

「你有沒有遇過沒有靈感、無法下筆的時候？」阿朱獃獃地問。金庸苦笑一下：「偶然也會有的。不幸遇到，便放下筆，喝杯咖啡，四處走走，放鬆一下再寫。」

訪問結束後，阿朱替金庸造像，指東劃西，金庸做演員，乖乖聽命；小朱扮大導，好不威風。我乘機在書房瀏覽，無意中看到書架上有兩冊《碧血劍》，用白粉紙包著書面，書脊用毛筆字題著《碧血劍》三個字。挺勁秀美，天然自如，乍看有點像宋徽宗的瘦金體，正自狐疑，金庸不知何時已走到我身邊：「這是我自己題的字。」他指指那兩冊《碧血劍》。

「呀！這是你寫的字？」我有點詫異。

「是，所有我的書都由我自己題字，字寫得並不好，總好過麻煩別人題呀！」金庸撇撇嘴。老實說，金庸的字並非書家的字，卻具文人風格，你只要一看，就知道是出自金庸之手。臨行，金庸送我《書劍恩仇錄》，並在扉頁上題款：「西城兄惠存弟金庸」，稱我為兄，愧煞小子！

離開渣甸山，已是黃昏落日時分，燕子不來花又落，一庭風雨自黃昏，查家大宅見蕭條。這是我第一次去渣甸山金庸的家，也是最後一次，過不久，他就搬遷去北角半山了。那日的訪問，後來在《大任》週刊發表，大受歡迎，讀者紛紛來函要求再訪金庸，可我辦不到，《大任》週刊經濟出現問題，最終上了排門板。我為稻粱謀，再無瑕兼顧！

第三次再晤金庸，已是一九七八年。七八年初我進《佳藝電視》做事，頂頭上司劉天賜要我籌劃一個叫做「推理劇場」的節目（此為香港電視台首創），為洽購版權，我獨個兒跑去日本拜訪松本清張。松本清張是日本最有名的推理小說大家，日產萬言，哪有時間見我這個閒人？到了日本，在酒店裡的《文藝年鑑》上找到松本府邸的電話，初生之犢不畏虎，一通打過去，道達來意。松本老師居然毫不猶豫地應承我去看望。到見面那天，我把來意一一說明。松本清張很爽快地答應把他三個推理小說交給我回去拍電視，訂明分文不取。辦完正事，他向我打聽香港文化界的情形（詳見拙譯《霧之旗》扉頁〈松本清張印象記〉），一一對他講了。一面聽，一面表達意見。當我講到金庸時，松本忽然「呀」地嚷起來：「香港也有那麼才華橫溢的作家？下一趟我去香港，請你無論如何介紹我認識。」識英雄重英雄，順手挑了幾本小說，題上名，交我轉送金庸。

回到香港後，我把書帶給蔡校書炎培兄（他是金庸武俠小說初版的校對，金庸倚重有加），請他轉呈金庸，不到一個星期，蔡炎培打來一個電話：「西城！查先生有一本書要送給你，有空煩來報館取吧！」那本書是江戶川亂步寫的《探偵四十年》，為有編號的豪華精裝版，書的後頁有江戶川亂步印鑑和簽名，彌足珍貴。金庸神通廣大，不知從什麼地方弄到，而又大方地割愛。揭開黑色的硬皮，透過沙紙，清清晰晰看到金庸用紅筆題的「西城兄惠存弟金庸」等幾個字。

這本《探偵四十年》是日本已故偵探小說宗師江戶川亂步的寫作札記，具有很高的推理文學參考價值，我一直視若拱璧地珍藏著。惜於八二年遷家，散佚了。惟我堅信此書一定仍然流傳坊間，如果某日有人覓得，轉贈於我，重回懷抱，那真是美事一樁。從一件小事，體現出金庸是一個十分注重細節的人。你送他一件禮物，他必定回送，不拖不欠，誰也不虧誰。這一點跟他的老朋友張徹很相像，對朋友，絕對不討小便宜，嘿嘿！當然你也別想在他身上打什麼鬼主意。這段交往，大抵不能算是三晤，在我而言，心與神會，便是一晤。

金庸亡後，忽地又想起另一晤。八十年代，胡菊人離職《明月》，月刊頓失支柱。某日午間，我上《明月》交稿，適值金庸在，一見我，笑容滿臉，一把拉住我道：「小葉呀！你要多為月刊寫稿呀！」一說完，親自倒了一杯熱茶，遞於我手，黃毛小子哪能不感激涕零？此晤遂永存心中。

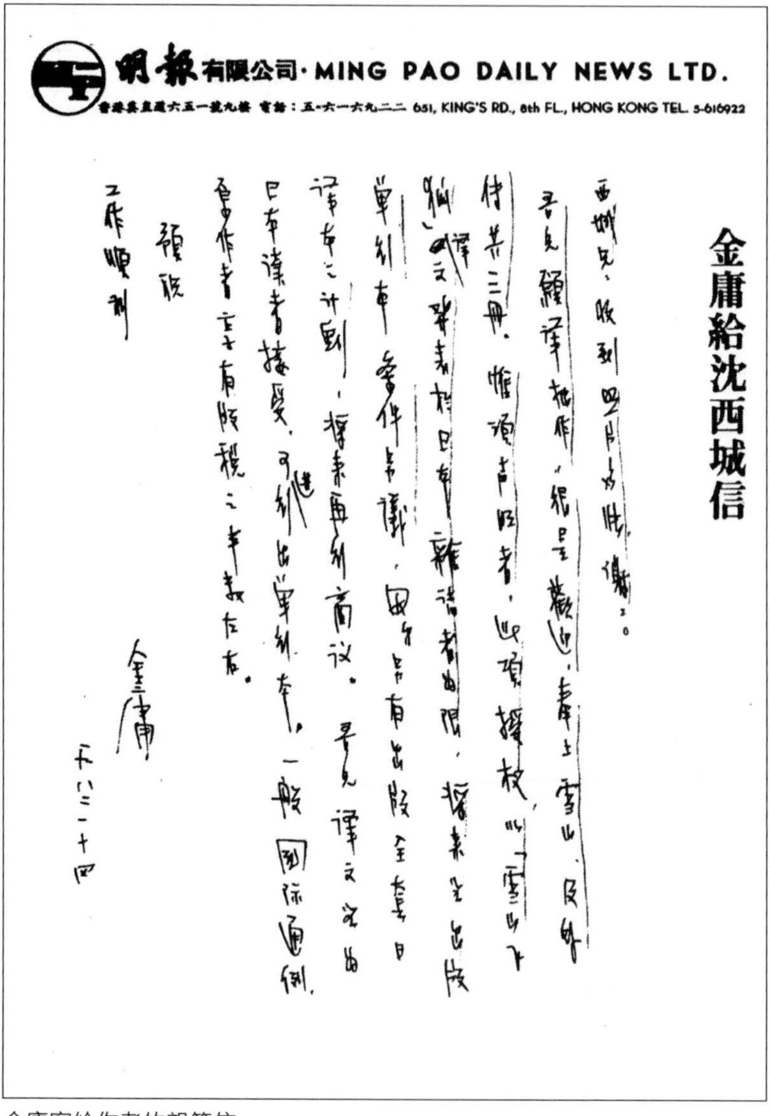

金庸給沈西城信

明報有限公司·MING PAO DAILY NEWS LTD.

香港英皇道六五一號九樓 電話：五-六一六九二二 651, KING'S RD., 8th FL., HONG KONG TEL. 5-616922

西城兄：收到四月廿六函，謝謝。

吾兄願譯拙作，很是歡迎，奉上雪山、及外傳共三冊。惟須告讀者，此項譯校，以「雪山飛狐」譯文發表於日本雜誌者為限，授權至出版單行本各件另議，因今已有出版全書日譯本之計劃，授權再行商議。吾兄譯文宜由日本讀者接受，可進刊出單行本，一般國際通例，原作者應有版稅之半數左右。

預祝

工作順利

金庸

六八二十四

金庸寫給作者的親筆信。

第二章

五味雜陳的婚姻

四七年秋日，雁來紅，矮雞冠綻放如畫，杭州《東南日報》副刊年輕編輯金庸（查良鏞）冒熱來到杜家大院門前，抖了口氣，怔怔地站著，雖非畫棟雕梁，勝在古樸風雅。薰風徐來，花香四溢，煩惱盡忘。揩掉額上汗珠，抬手叩門，道明來意，女傭延入客廳坐下用茶，香入心脾。有此拜訪，緣於一封讀者來信，署名杜冶秋，內容是反對金庸這個「咪咪博士」對買鴨子的提示。金庸在專欄裡說「買鴨子先要看鴨子脖子，堅挺有力示新鮮，羽毛豐盛又濃厚，顯示肥瘦均勻，烹來進食，鮮掉大牙。」杜冶秋不服，寫信抬槓——「咪咪博士先生！說鴨毛要濃密才好吃，可南京板鴨一根毛都沒有，怎麼會那麼好吃？」天呀！拿烹熟鴨子跟活鴨子相比，言之哪成理，分明找碴兒，換作常人定必光火，棄信不理，金庸非常人，看過信，反覺小伙子可愛，握筆回一信，先美言幾句，說是有趣、求知欲強的孩子，繼而提出面談。初生之犢不畏虎，立即回信，寥寥數言：「天天有空，歡迎光臨寒舍。」明顯擺出一副「來吧！俺不怕你」的挑戰氣勢，金庸趁住週日放假，一心來會會這個頑皮的小男孩。

杜冶秋見著了，機伶聰慧，事在意料之中，可一看到杜冶秋身後的那位十七歲少女（治芬），金庸整個人獃住了，頎而白，如玉肪，風姿綽約，見之，如立水晶屏，倩影巧兮，正正衝擊著二十三歲青年金庸的心，由是再也離不開杜宅家門。年少膽子壯，不斬樓蘭誓不還，金庸勇氣百倍，第二天再度踵門，送上戲票，邀請杜家眾人一起去看《東南日報》社樓上公演的話劇《孔雀膽》，這是文豪郭沫若新編的戲，當年人人爭看。一劇定情，此後金庸成為杜家常客，醉翁之意不在酒，金庸舞劍，旨在治芬。中年後金庸發胖，年少青衫薄時，卻是清雋韶秀，滿溢書氣，郎有情，妾有意，花前月下，攜手共遊，西湖畔，柳樹下，金、杜儷影雙雙。

金庸在《東南日報》工作的時間並不長，熱誠勤懇，屢有好點子，《大公報》高層相中他，決意派他往香港分館工作，這是不少《大公報》中人的願望，東方之珠，聲名鵲起，看看異鄉風情，賞賞外地繁華，寓工作於娛樂，何樂不為？可墮進愛河的金庸有自己的想法，一有故土之思，不願離鄉別井，二不欲離開秀慧解人的杜治芬。熱戀中的男女，每天跟時光競爭，少一秒相見也成病，況乎長期別離？（不不不！）金庸心底裡高喊起來，硬著頭皮寫信向杜治芬徵問，答覆是——「短期別離可接受，長時不見，那可不行。」正中下懷，金庸本來就希望能得到杜治芬這樣的回答，拿著回信跟上級周旋，人人以為金庸拙於辭令，那是天大的錯覺，金庸廣東話不行，上海話靈光得緊，直有蘇秦、張儀辯才，一番由衷之言，確也打動了上級，允諾只調任半年。半年六個月，一百八十日，短暫離別，情意更添，信來信往，一晃眼就過去，於是束裝上道。金庸永遠忘不了三月二十七日杜冶芬在上海送他跨上飛機的情形，她柔聲叮嚀——「我們每人每日都做禱告一次，千萬別忘記做。」金庸望著杜冶芬，彼此的心早已連結在一起：「冶芬！放心，我每秒鐘都在做著呢！」半年後，金庸回上海述職，急不及待地跟杜冶芬結婚，了結長年相思。嫁雞隨雞，杜冶芬跟著金庸來到香港，展開新生活。

金庸讀過國際法，因而被安排編輯國際新聞版。工作刻板，入息不高，金庸為家計，咬緊牙根苦撐下去。五二年，《大公報》有變動，金庸調去創刊不久的《新晚報》，這是一張晚報，中午過後才發行，規模不如《大公報》，卻靈活生動，極受讀者歡迎。在《新晚報》金庸結識了兩位影響他一生的好朋友——羅孚（絲韋）、陳文統（即梁羽生）。《新晚報》的工作時間是在上午，正午過後，清閒起來，金、梁二人便擺棋局，象棋、圍棋下個不休。梁羽生貪杯中物，喝酒、抽菸是他的至好，金庸不善酒，卻好菸。論棋藝，金、梁起初打個平，成了名，金庸聘圍棋大國手陳祖德、聶衛平等用心指點，便在梁羽生之上。梁羽生說過——「我是盲拳，不怕高手，有膽你來。」言下之意：盲拳打死金庸這個老師傅。梁移居澳洲，金每往探，必廝殺數局。梁的女徒楊健思女士問結果，梁老促

金庸曾以「林歡」為筆名撰寫影評。

狹一笑：「我不一定輸。」言畢打哈哈，跟金庸不同，梁羽生愛說笑。

金庸嗜好廣泛，看書是首選，曾說過——「如果坐牢可以讓我看書，我寧可坐牢。」是名副其實的「書痴」。此外，琴、棋、畫、影，無一不沾，為遣刻板生活，在《新晚報》時，迷上電影，幾乎每天看一齣，看畢，就以姚馥蘭和林歡筆名寫影評（註：金庸用過不少筆名，四一年上高二時，投稿《東南日報》，篇名〈一事能狂便少年〉，署名「查理」，其後又用過徐宜孫、宜孫、宜、徐慧之等筆名），一可抒發感想，二能賺得稿費，補貼家用。影評短小精悍，很受歡迎，居然引來不少影迷寫信給「姚女士」請教觀影心得哩！寫而優則編，五三年金庸進《長城》當編劇，曾獲中共文化部金章，李萍倩導演、夏夢主演的《絕代佳人》，劇本便是出自金庸之手。就在這時候，傳出金庸狂追夏夢的消息，多年後證實是謠傳，愛慕之心或有之，狂追則言過其實。

金庸用「林歡」筆名寫影評、劇本，其名當不如後來「金庸」之響亮，可筆名由來自有因，杜冶秋小弟向人說：「我姊和姊夫的姓裡面都有一個『木』字，雙『木』成林，當時他們濃情蜜意，男歡女愛，便以『歡』為字。」金庸、杜冶芬初到香港，住在灣仔摩理臣山道，跟《新晚報》僅數箭之遙，附近有條馬路叫「杜老誌道」，大舞廳「杜老誌」廁於其上（註：

六〇年代金庸（第三排左二）隨電影界訪問珠江電影製片廠（圖片由大公報朋友提供）。

「杜老誌」為當時香港高級消遣場所，跟「麗池夜總會」齊名），報館中有好謔者就叫杜冶芬為「杜老誌」，到了後來，人人稱「杜老誌」而不名，金庸無可奈何，只好默然接受。杜冶芬是杭州人，不懂粵語，素性執拗，不屑學（也學不來），社交圈子狹窄，加以金庸日夜忙於工作，無暇作伴，長居無俚[1]，十分寂寞，便有外鶩之心。金庸到《長城》當編劇，杜冶芬常跟著去，既喜看拍戲，長得又漂亮，就有人慫恿她：「不妨拍電影，夏夢多紅，你杜小姐可不比她差哪，橫看豎看都一個樣兒！」旁邊有心人鼓其如簧之舌，拼命煽動，杜冶芬心動，商諸金庸，金庸勸以婦道人家，還是操持家務為宜。杜冶芬哪肯依，結婚多年，膝下猶虛，自己黛綠

金庸、夏夢同月同日去世，人生巧合，莫過於此。

[1] 編按：無聊之意。

年華，艷色正盛，緣何要作籠中鳥？拗不過妻子，不當明星，轉當場記，平息夫妻爭論。可美麗的場記，焉能不招採花郎，流言蜚語滿天飛，傳到金庸耳中，滿心疙瘩，吵鬧不停，終致仳離。同事惋惜——「杜冶芬是杭州人，不會講廣東話，在香港朋友也不多一個，覺得悶，加上阿查那時收入不多，生活拮据，杜小姐捱不住便跑了。」金庸晚年，回憶第一段婚姻，眼泛淚光：「是她背叛了我！」話裡有話，我們憑此可思過半矣！不知怎的，總覺得金庸的第一位夫人杜冶芬，用其筆下人物言之，可說近似《飛狐外傳》的馬春花，看見英挺風流、滿身富氣的福安康豈有不心動！因而，第一段婚姻，一言記之曰「苦」。

金庸是楊過，情專一，卻又容易投入新的感情裡。楊過看到陸無雙、程英，都有一陣遐思，看到報館裡的女同事朱玫（註：另有一說乃名作家三蘇介紹，兩人在社交場所邂逅），眉如遠山，瞳人點漆，心湖頓泛漣漪。要愛便愛唄，不避嫌疑，無懼大眾，公司組團往荔園，金庸的臂彎裡勾著朱玫，濃情蜜意，旁若無人，活現了《神鵰俠侶》裡楊過與小龍女相戀情景。五三年，跟杜冶芬離異不久，愛情至上的金庸偕朱玫組織起新家庭，日出而作，日入而息，胼手胝足，生活奔波苦，卻有說不出的愉悅。漸漸地，杜冶芬的影子模糊了，金庸心中填滿朱玫莊妍靚雅的清影！其時，金庸在《新晚報》當編輯，薪水不多，閒餘便為《長城》撰劇本補貼家用。朱玫跟杭州美人杜冶芬不同，肯拼能吃苦，這給與金庸很大的安慰。倘若兩口子這樣平平淡淡生活下去，說不定會白頭偕老，可天意偏要弄人，正當躊躇不安時，天上忽掉下餡餅。五四年，香港武術界掀起狂風巨浪，吳家太極掌門人吳公儀不滿白鶴少壯陳克夫口頭、文字挑釁（按：五三至五四年一年間，吳、陳在《新晚報》筆戰，各稱第一，爭持不下，終擺下擂台，決意比武定高下。香港限於法例，不能公開辦拳賽，幾經周折，終移師澳門新花園作「慈善賽」。兩派在港都是循規蹈矩的名門正派，如今公然比試，哪能不轟動？澳門當局為隆重其事，由澳門皇帝何賢出任裁判，澳督史伯泰主禮。五四年一月十七日下午，吳、陳比武，雙方火併，不分高下而以平手告終）。比武畢，小說興，

長城專演小滑頭李炳宏向金庸索簽名。

當年邀金庸寫武俠小說的《新晚報》總編輯羅孚（中間），金庸尊重有加。

《新晚報》總編輯羅孚受命於統戰部老黨員金堯如，找陳文統撰寫武俠小說，陳以「梁羽生」筆名，寫了第一部武俠小說《龍虎鬥京華》，自此開創新派武俠小說的風潮。梁羽生事後對人說：「羅老總下令很急，即日要我寫一段一千字，明天發排。當時我著實地嚇了一驚，可老總有令，推不得，只好勉為其難。」幸好梁羽生飽覽舊派武俠小說，依樣葫蘆，寫成《龍虎鬥京華》。小說刊出，讀者追讀，《新晚報》銷路節節上升，羅孚看見氣勢好，欲多產，就找金庸寫一篇，這便是《書劍恩仇錄》。金庸接令，心裡怦然一跳，文章寫得多，小說也看得多，可不曾做過什麼武俠小說，遍搜枯腸，猛然想起家鄉海寧流傳過乾隆是漢人的傳說，遂仿《水滸傳》章回筆調，寫出《書劍恩仇錄》，五五年二月連載於《新晚報》，一炮而紅。

在撰寫《書劍》時，金庸生活並不富庶，家居湫隘，只好伏在餐桌上奮力疾書。文窮而後工真沒錯，震驚文壇的傑作就是在這樣的環境下產生出來的。首篇寫訖，金庸心想發表時總不能用「查良鏞」的真名吧！陳文統既以「梁羽生」作筆名，自家也得弄一個！左思右忖，靈機一觸，把名字裡的「鏞」分拆，變成「金庸」，這個名字，在往後的日子裡，漸漸掩蓋了他的真姓名，人人「金庸」而不「查良鏞」。「良禽擇木而棲」，數年後，金庸覺得「打工」不能成大事，想往外闖，有啥可闖？老本行——辦報唄！由於武俠小說暢銷，掙下不少版稅，暗忖勉強湊合，能辦一張小報，他先邀老同事梁羽生共襄大舉，暗忖雙劍合璧，銷路大可保險。可梁羽生有家累，不敢冒險，苦勸無效，金庸改找老同學沈寶新合夥，以港幣十萬元創辦《明報》。《明報》於一九五九年五月二十日發刊後，謠諑紛紜，有說金庸是拿美國中央情報局的資本開辦，也有傳言是台灣國民黨暗中支持。金庸晚年接受中央電視台白岩松訪問時，道出真相——「我把版稅所得勻出大部分，約八萬元，另加沈寶新的二萬元，合共十萬，創辦《明報》，如果有人支持，我們就不用捱得那麼辛苦了。」《明報》初創，館址設在北角春秧街（後移遷中環大中華餐廳樓上），時維一九五九年，節省成本，人人一身兼數職，金庸自任社長兼總編輯，太太朱玫跑港聞，潘粵生（後為《明報》總編輯）當編輯，而營業部則僅靠沈寶新和戴茂生支撐，因而，當時的《明報》只是一家小報館。《明報》發刊，以金庸小說《神鵰俠侶》打頭炮，挾《射鵰英雄傳》的餘威，加上《神鵰》人物大多傳承自《射鵰》，讀者更感興趣，日夜追讀，銷路雖不大暢，差堪維持。我的老朋友戴茂生本身富家子，家居半山，仰慕金庸，投其麾下，在營業部（說是營業部，實則只有沈寶新和他二人）工作，緬懷日昨，道：「那段日子我們捱得好苦，查先生有時候連小小的薪水也發不出，我們只好勒緊褲子，撐下去。」他告訴我，金庸那時窮得連一杯「鴛鴦」也得跟朱玫一起喝。提起朱玫，戴公（我們尊稱）豎起大拇指誇道：「真是沒話講，採訪一把抓，沒見過女人像她那樣吃得苦。」朱玫除了工作，為節省開銷，每天還得給金庸送飯。七六年《明報月刊》十週年，金庸在「《明月》十年共此時」，回憶《明報》初創時這樣描述——「我妻朱玫每天從九龍家裡煮了飯，送到香港來給我吃……」另外她還要照顧四個兒女，換了一般女人，肯定吃不消，可朱玫撐下去，心意只有一個：讓夫君金庸安心工作。事業成功，自可白頭共諧，永享收成果實。然而，世事難料，當《明報》六三年後逐漸步上成功之途時，金庸卻遇到了影響他一生一世的「小龍女」。八十年代初，我跟倪匡過從甚密，一天黃昏，在他的「魚齋」喝冰鎮伏特加聊天（註：此為倪匡獨家發明，將伏特加一瓶雪藏於冰匣，取出待溶，啜之如醇醪也），聊呀聊，聊到金庸的第二度離婚，倪匡道：「我是堅決反對任何男人離婚的，我勸老查說『阿查！我們男人風流，不犯法，可以有一百個女人，但老婆只能一個，不能離婚。』」倪匡寫科幻，思想新潮，可對婚姻，忠貞非常，喝口伏特加，咬唇肯定地說：「小葉！男人千萬不可拋妻！」可金庸不納其言，千方百計要離婚。我好事，追問那到底是什麼回事？倪匡說：「你格個小滑頭[1]，又想套我閒話賺稿費！」我氣他道：「是真話就不怕說出來，對否？阿哥！只怕你不敢講！」倪匡咽不下氣，嘩啦嘩啦如瀉瀑布似地道出來由。

原來金庸向有在報館寫稿的習慣，一篇武俠連載，一篇便是社評，兩篇文章幾乎撐起大半《明報》銷路。一俟業務上軌道，朱玫便專注家務，不大到報館，可有時也會因牽念，掛電話到報館找金庸，卻是一連好幾天，都找不到人，問職員，才知道近日司機每天會到某處取稿。機伶慧黠的朱玫疑心頓起，暗感不妙，她非「嘈日棚」（註：吵架精），心思一計，某日黃昏，就駕車跟蹤司機到北角一幢大廈（註：應是「新都城大廈」），眼見司機上樓取稿下來，迎面攔住。司

---

[1] 編按：上海話，你這個小滑頭。

機一看是老闆娘，早已嚇得魂飛魄散，臉青唇白，身子發抖，朱玫冷冷追問，不敢隱瞞，只好和盤托出。朱玫二話不說，飛奔上樓按鈴，開門見金庸坐在客廳，身後有個妙齡女郎，如何得了，正想吵鬧，好個金庸臨危不亂，遇險不驚，一把拉住太太衝下樓，跳上車，直放「南康大廈」《明報》報館。倪匡所知僅止於此，下半部由通曉內情的老大哥名記者陳非（本名龍國雲）接述。

「那天傍晚，看到查先生、查太太兩人臉黑黑、氣喘喘地回來編輯部，我們一班同事都知道要『六國大封相』了，只好低頭工作，大氣不敢抖。查先生、查太太走進社長室，門砰的一下關嚴，不旋踵就聽到砰砰澎澎擲東西的響音，夾雜著查太太的朗聲吆喝，咱們的查先生只悶聲不響。我們好奇放下工作，豎起耳朵細聽，心裡都為查先生擔憂。過了一會，門打開，查太青著臉走了，社長室裡留下查先生一個兒。」朱玫一大吵，讓兩人的感情直跌至零度（不不！是零下十度），相互排斥，終致各走極端。倪匡可惜，陳非惋惜，戴茂生憐惜。戴公說：「朱玫是個好女人，可惜犟[1]了一點，查先生是作家嘛，自有浪漫情懷，朱玫忍不來，連番爭吵，感情如何維持得下去。」今日有人將金、朱離婚，歸咎金庸有

1 編按：指固執，強硬不屈的樣子。

了小龍女這個新歡，有點關連，並不盡然，兩人性格相異，爭吵連連，焉能不離？這裡不妨敘述一下小龍女林樂怡女士認識金庸的經過。有關小龍女傳說，頗為紛紜，有說她是舞女、酒吧女，不管三七二十一，總之為小龍女披上「風塵」彩衣；有人更以訛傳訛，瞎指金庸沉迷歡場，追求舞女，謠傳多年，始終未有人出來澄清。林樂怡女士一本低調作風，對不實傳言，置若罔聞。八十年代，我寫了一些關於金庸的文章，提及金、林相晤的經過，地點、時間對了，過程有誤。相識過程出諸倪匡和哈公（本名許國）之口，他倆既是金庸的老同事、老朋友，當不會錯，據聞實錄，必然精確，豈料不止錯，而且錯得厲害。我知道這段相識經過真相，已是三十多年後的事了，時間是一六年的一個夏天，地點在中環國金中心西餐館，人物有查太阿May（林樂怡）、陶傑和我。時隔不遠，印象清晰……

明媚陽光透窗來，查太坐在我倆前，吃完飯，喝咖啡聊天，我忽想起隔不久吳康民先生在報上有一段文字敘寫金、林兩人相識的經過，說她出身舞女，好奇地問查太是否屬實？查太笑著搖搖頭：「當然不是！」出奇平靜，毫不動氣。我告訴她曾寫過她跟金庸相識的經過，是她拿了金庸的武俠小說求簽名，於是相逢恨晚。查太聽了，嬌笑一聲：「哪有這回事？全不是這樣的！」陶傑何等乖巧，聽得話裡有因，順勢探問，要求細說端詳。查太半瞇眼，回到了過去：「我那時才十六歲，在一家酒吧兼職當女侍，金庸嘛，不要說認識，連名字也沒聽過！」（喲！那豈非我寫錯了？不不不！不怪我，要怪只能怪倪匡和哈公！）我盯著查太，怡然自得，不像撒謊，心念一轉，對呀！十六歲的少女，情懷是詩，哪會看金庸？要看都看依達！查太喝口茶，細說經過——「我認識金庸時，才十六歲，為了繼續學業，暑期到北角一家酒店的酒吧做工，名字記不起了——」忍不住提她：「是『蜜月酒吧』吧！」查太乍一驚：「沈先生！你怎麼知道？」我道：「六十年代，我住在『金舫酒店』隔壁的『麗景樓』，『蜜月酒吧』在酒店七樓，我有時也在那兒喝啤酒！」（註：「蜜月酒吧」有小廂座，門前垂珠簾，保密度高，《明報》中人董千里，陳非，倪匡，阿樂等，都喜歡在這裡喝啤酒寫稿，金庸後來也跟來了。）查太一聽，連說了幾聲「對」：「是，是『蜜月酒吧』，沈先生！你記性真好！」（我有點兒受寵若驚）頓了一下：「記得某天黃昏，我看到一個穿著皺巴巴西裝的中年男人，據了一張桌子，默默地在喝啤酒，一連喝下好幾杯卻不見吃東西，心想這樣喝下去會醉的呀，就走到他身邊問：『先生！你喝了不少呀！肚子可餓？』他朝我瞧了眼，沒作聲，只是點點頭。我便說：『我點一客火腿扒給你吃，好不？』仍然不作聲。我想他大概不是太方便吧！一時口快便道：『不要緊，我請你吃！』豈料他立刻點了一下頭，啊！這就請定了。這便是我們相識的經過。」聽得我全身冒汗，天呀！我的文章錯了那麼多年，又為那麼多人引用，豈不染黑查太？正想說對不起，查太又開腔——「那中年男人吃了火腿扒，喝完啤酒，稍稍歇一會，便站起來離去，走過我身邊，低低地說：『謝謝你！』天呀！他真的不結帳溜了！我是一個小侍應呀，請你吃，也是隨口說說，不料他竟當真。望著他的背影，我急得跺腳！喲！這個男人！真氣人！可想想也就算了，能幫助一個中年叔叔，就當日行一善吧！」我跟陶傑聽到這裡打心裡笑起來，原來金庸第一眼落在查太眼裡竟是個中年叔叔！那麼金庸又如何想的？大抵是：姿首清妍，翛然絕俗，莫非小龍女穿越臨世？話匣子打開，查太滔滔往下說：「過了兩天，那男人又來了，今趟多了一個伴兒（後來才知道是沈寶新），兩人邊喝啤酒、邊聊天，我上去招呼，見他不提那天的事，也就算了。回到櫃臺前，經理問我：『阿May！你認識那個男人？』指著那個男人的檯子問。『不認識，前天才見過，哼！就是他沒付帳！』」查太直說。經理一驚：『阿May！你可知道他是誰？他是明報大老闆查先生，也就是武俠小說作家金庸，他的書迷死不少人，我也是他讀者哩！』經理一臉崇拜。我可大不以為然，什麼武俠小說？無非是飛劍煉仙，逞強鬥勇，有什麼好看！隔兩天，他又上

金舫酒店《蜜月酒吧》舊址，今為北角金舫大廈，金庸、小龍女六十年代相逢於此。

來，一個人，招手讓我到檯前，順手拿出一個精緻的匣子，低聲道：『小姐！謝謝你那天請我吃火腿扒，小小禮物，不成敬意！』」我跟陶傑齊聲嚷起來：「什麼禮物？」查太微笑地道：「是一塊浪琴錶，價值二千七百元！」二千七百元，六十年代可不是小數目！「浪琴錶」是名牌哪，這正說明小龍女的倩影，早種於楊過心中。跟查太分手後，我跟陶傑用上海話說：「阿May格客火腿扒請得真來勢！」陶傑回以上海話：「是格是格，是來勢格！」少女巧遇大作家，一扒定情，畢生幸福，不啻都市傳奇。

金、朱爭吵以致離異，金庸付出極大代價，先將《明報》晚報股份轉與朱玫，尋且把渣甸山的豪宅相贈，在經濟上著實提供了極大補貼，情感創傷，卻無法彌補。阿樂跟隨金庸幾十年，視金庸為父，他告訴我兩人離婚，在於朱玫過於倔強固執。阿樂黃毛小子一個考進《明報》，初做信差，也就是messenger，靈慧多智，加以能講上海話，討得金庸歡心，入職幾個月，就升任編輯。阿樂遇金庸，如魚得水，節節高升，快成為金庸的左臂右膀。眼看愛將爭氣，有心挑他，讓他領軍創辦了《華人夜報》，風格大異《明報》，走大眾路線，內容以趣味易讀為主，正合金庸「短小精悍」辦報原則。阿樂機伶活絡，編輯方針，略添鹽花，很快成為暢銷夜報，金庸看在眼裡，喜在心中：我可沒看錯這個小鬼頭！眼看風平浪靜，卻是山雨欲來風滿樓，無端起風浪，查太太朱玫看不慣《華人夜報》的內容，認為太低級趣味，有損《明報》聲譽，先是要求改革不果，最後勒令金庸辭退阿樂。金庸起初不依，極力維護，查太製出「哀的美敦書」——他不走我走，夫妻情義重，揮淚斬阿樂。阿樂帶著一肚子氣，蟬曳殘聲到羅斌《新報》，創辦《新夜報》，風格形式截然是《華人夜報》翻版，只是情色更濃，紅油赤醬，銷路由是穿梭機般的曳升。金庸看在眼裡，不禁嘆氣，暗暗埋怨朱玫的衝動，做生意賺錢，哪有自斷門路的道理，在商言商嘛！《明報》小報時代，潘粵生不是也寫過情色小說嗎！有啥關係？阿樂文字又不是登在《明報》，有啥影響！金庸大抵不明白，朱玫逼辭阿樂，除了《華人夜報》的關係，還有別情，她疑心阿樂帶壞金庸。阿樂滑頭，鬼點子多；金庸外樸內野，搗蛋鬼一個，兩人相伴，如魚得水，豈會不流連舞榭歌台！呀呀呀！天大冤枉！不得不為阿樂申個冤，原來阿樂活潑好玩，卻從不作狹邪遊，金庸其時已享大名，又怎敢流連銷金窩？查太太疑心委實重了一點。多年後，阿樂感慨地對我說：「沈西城！女人不能太硬，還是溫柔一點的好。」我心想：難道就像阿嫂那樣對你千依百順的好？聽戴公說，朱玫事業心很重，工作上愛多管，同事們見到她都有點頭痛。除了阿樂，金庸長子傳俠七六年十月在美國哥倫比亞大學為情自縊身亡，也為兩夫妻造成不可彌補的裂痕，表面上是跟女友情海翻波，實則傳俠對父母各走極端至為傷心，遂認為愛情、婚姻之不可靠，加以素有佛家輪迴思想，遂用一條繩索結束了短短十九歲的生命，遠離凡塵。（註：有傳言說某日朱玫上《明報》找金庸，適值不在，逕入社長室，見檯上有封未拆之信，字體清秀，好奇心起，拆閱。上面寫著——「親愛的路易，匯款收到了，我會努力念書……」接連一番濃情密語。

朱玫看後氣往上湧，原信寄給在美國的傳俠。傳俠一直視父親為偶像，得此信，情緒大受打擊，不久即發生自殺事件。）傳俠是金庸最溺愛的兒子，遺傳父親的創作天分，愛看小說，往往讀而忘食，金庸親自煎好荷包蛋送至面前，正眼不瞧，仍舊低首看書。金庸在接到傳俠死訊那天，還得寫社評，他說：「我是一字一淚寫下社評的。」料理好公務後，金庸飛赴美國，打理愛子喪事，最後捧著骨灰回來，去時俊朗聰慧少年，回來已是灰藏瓷壺，金庸的眼淚不住流，肝腸寸斷。倪匡一向寵愛活潑伶俐，冰雪聰明的傳俠。有一天傳俠在百貨公司看中一條新款皮帶，扭著爸爸要買。價罕又不合小孩，金庸不買。傳俠心中不快，看到倪匡便訴苦。一向大方的倪匡想也不想就買了。小孩子一高興「倪叔叔，倪叔叔的」喊個過不停，喊得倪匡差點兒跑去多買一條。傳俠自殺身亡，金庸傷心欲絕。倪匡看在眼內，痛在心裡，如何解友憂？惟董慕節鐵板神數耳。有一批云——「長兒先亡」，金庸捧著批條，熱淚盈眶。天意難違，倪匡乘時進勸：「阿查！這是天注定的，逃不過，別太傷心。」從此金庸對玄學深信不疑。

朱玫離婚後住在香港灣仔的一座唐樓裡，就在皇后大道東《明報》舊址對面，生活頗為拮据，偶也會到英國棲住。女作家石貝很同情朱玫：「當年明報晚報就是靠了朱玫才發展起來的，她對工作非常認真，甚至有些固執，時常因為

金庸的文章品質審查原石貝攝於《明報》編輯部。

金庸次子查傳倜（八袋第子，右一）專研食經，卓然有成。

八〇年代聖誕舞會，金庸跟女同事翩翩起舞。

工作跟做老闆的查先生大吵。不知道是否因而傷了查的自尊心，感情也慢慢冷淡下來。」後來朱玫情緒出現了問題，九八年十一月八日，朱玫逝於灣仔律敦治醫院，死因是肺結核擴散，享年六十歲。若以金庸筆下人物喻之，朱玫活脫脫是倔強多情的穆念慈。第二段失敗的婚姻，給與金庸的是痛心的「辣」。

回說金庸認識阿May後，在百忙的工作中，總會勻出餘暇與伊見面，互訴心事，減輕工作壓力。阿May好學，金庸資助她到澳洲唸書，大學畢業，阿May寫信問金庸茫茫前途如何安排？金庸寫信讓她回來，這就有了日後朱玫上門大吵事件。七六年，金、朱離婚，查、林合歡，成就了金庸的第三段婚姻。倪匡不看好，老夫

反叛活潑的金庸，玩起「吹龍」，宛如小頑童。

少妻不長久，潘粵生好好先生無意見，戴公知金庸深，認為會地老天荒。還是戴公眼光準，結婚四十二年，仍然相處融洽，恩愛如恆。石貝是喜歡查太阿May的。八六年《明報》舉辦聖誕聯歡會，金庸夫婦結伴而來，那夜，金庸舞興大發，拉起一位女同事大展舞技，與眾同樂（金庸年輕時傾慕電影明星毛妹，曾習芭蕾舞，舞技自不弱）。石貝這樣形容查夫人阿May：「阿May如入無人之境，不斷地把弄那玩意——「吹龍喇叭」，而且當眾將尾巴對準老公的臉，一下一下地吹，而查先生卻像個寬厚的長者，微笑著輕輕推開阿May的手……後來查先生索性也拿起一個，一下一下地吹起來，有人這時按動了照相機的快門，留下了永久的紀念。阿May那種活潑爽朗的性格，就像是天真的小女孩跟父親玩耍一般，她完全不顧其老闆娘的身分，也不在乎周圍那麼多人的注視。我想他們的婚姻當中，查先生對於阿May雖是丈夫，但應該還有著很大一部分類似父親對女兒的那種寬容。」正是樂觀的性格，阿May在家裡跟金庸的兩個女兒像姐妹一樣要好，喜歡鬧笑，有

金庸與嬌妻小龍女林樂怡，童心未泯，戴上聖誕頭飾，與阿樂同樂。

時聲音太大，反倒要金庸笑著喝止：「阿妹（暱稱）別鬧了！」那天跟查太太午茶，問起金庸的性格，她說：「沉穩、內斂，從不背後說人。跟他相處了五十年，我有時候仍然無法知道他在想什麼？」金庸沉默寡言，在家中最大的嗜好便是看書，一天不可無書。七十年代我到渣甸山大宅訪金庸，眼看書房四壁皆書，好奇地問：「查先生！這麼多書，你都看過嗎？」金庸笑了笑：「不能說全看過，有些翻一翻，有些真的讀了！」無疑是說架上的書不是用來擺設的，是實用的。八〇年台灣傅朝樞來港創辦《中報》，看中《明報》月刊總編輯胡菊人，高薪挖角，金庸力挽不果，只好放人。胡菊人一走，《明月》

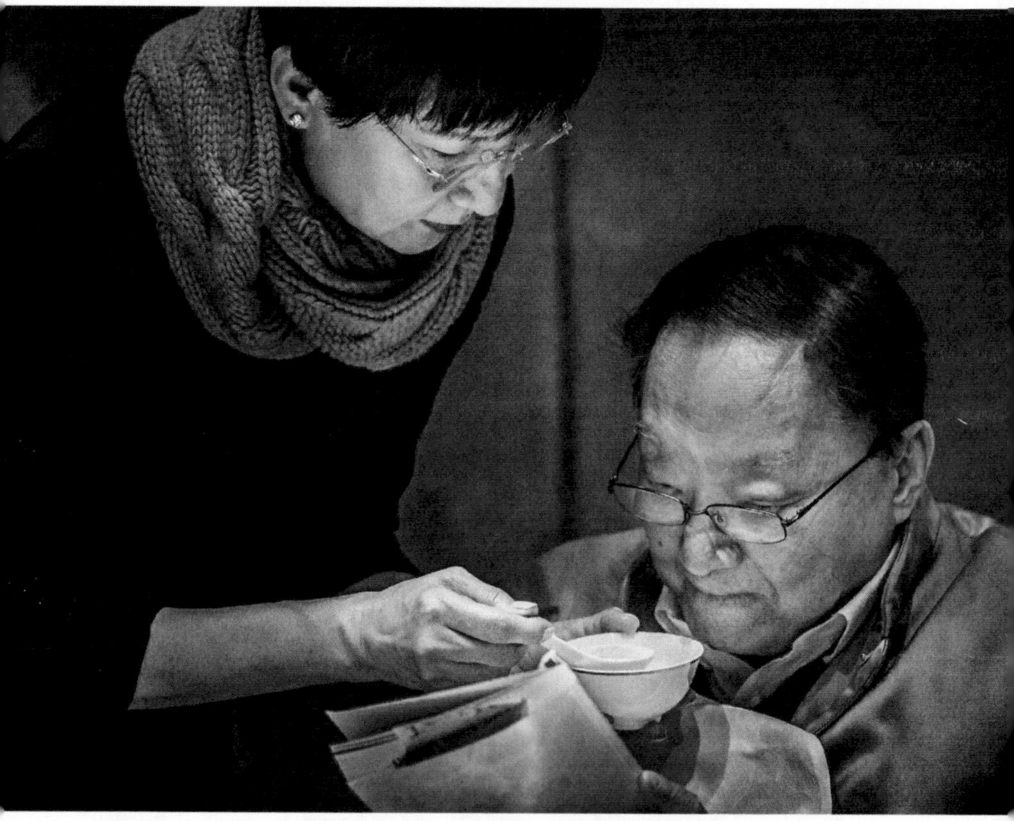

讀好書，談小說，金庸樂而忘形，不顧進食，查太太趕忙催他吃，夫妻情深。

編輯部只剩克亮一人，金庸回朝主政，拉開寫字檯抽屜一看，幾乎跳起來，原來胡菊人臨走時將下月《明月》待用稿件一通取走，克亮手頭上的不足對付下期之需，付梓日期又迫在眉睫，拉稿已來不及，只好求諸己。阿May緬懷過去道：「那夜，查先生寫了個通宵，總算應付過來。」新一期「月刊」面世，內容依然豐富，沒人看得出這背後金庸的辛酸。一筆挺明月，群賢咸拜服，正是金庸過人之處。九八年朱玫逝世前，曾在銅鑼灣渣甸坊擺攤賣廉價手提包，恰巧給阿樂看到，轉告金庸，以為財困，送錢過去，被拒，朱玫不屑道：「我才不稀罕他的錢。」金庸晚年接受訪問時，感嘆地說：「第一段婚姻，妻子負了我，第二段婚姻，我負了妻子，到如今，我仍然好難過！」情多必自傷，金庸亦如是。三段婚姻自以末段最幸福，金庸終於得嘗「甜果」。

友人崇金庸，於其婚姻有此感言：「三段婚姻五味雜陳痴情金庸不遜楊過」。果如其言乎？

第三章

譯作遍天下

金庸小說有各式外文譯本，而以日、英為主，其中尤以日譯最具規模，十五套小說全譯，氣勢恢宏，耗力匪小。根據資料，金庸首部日譯《書劍恩仇錄》出版於九六年，譯者是早稻田大學文學院中國語教授岡崎由美，出版後，反應不俗。近日有好金庸小說的朋友問我——「為什麼要遲到九十年代才有金庸日譯本？金庸處女作寫成於五十年代，相隔近四十年呀！」許多讀者都不明其所以然，按說金庸武俠小說流傳之廣和受歡迎的程度，當今文壇，能與之並駕齊驅者，絕無僅有，想得仔細一點，絕無可能隔了這麼多年才獲日本文壇青睞，難道日本出版界瞎了眼？這裡面其實有一段故事，我曾參與其事，不妨在這裡細細說一下吧！上世紀七五年我已為《明報月刊》寫稿，某天，日本中國問題專家竹內實教授捎來一篇文章。拙作《追緬竹內實先生》記云——「七五年十一月，《明月》編輯部收到竹內實教授的大作，共四萬字，胡菊人託黃俊東找我翻譯，文章主要是跟胡菊人討論有關《魯迅日記》三二年十二月一日至五日空白的問題。我在相浦杲教授的全力幫助下譯出全文，分三期刊登於《明月》，其後又收錄在《梅櫻集》裡，這是我唯一翻譯竹內實先生的文字（註：亦曾翻譯過他的《茶館》數則，因司馬長風先生翻了，遂止）。」那時我的日語程度不高，翻譯起來吃力，幸得當年來港出任港大客座教授的相浦杲教授師施以援手，方才勉強成卷。也因此跟相浦教授成了莫逆，閒時聆教，得益匪淺。相浦獨個兒在香港，孤單伶仃，一有空閒就來我家打牙祭。太陽下山，就留我家晚餐。有一夜，他一杯《白鶴》（日本清酒）在手，忽然提起中國古典文學《水滸傳》和《三國演義》，說在日本留傳廣泛，吉川英治為此寫成《三國志》，關雲長因而成為人民英雄，我知道日本的暴力團體如山口組、住吉組和稻川會都拜奉關公，敬他義薄雲天，合乎日本浪人的任俠精神。相浦是學者，對關公亦尊崇有加，他誇《三國演義》寫得活龍活現，傳神阿堵，又說《水滸傳》的武松是真正英雄，不受美人（潘金蓮）艷色所誘，教人敬佩。問他除了這兩本經典，還看過什麼中國古典名著？睜大雙眼，愕然望我，答不上來。說真的，其時，相浦對現代中國文學，範圍還只繞在魯迅、茅盾、巴金、郭沫若等少數作家身邊，遠一點兒，接不上軌。我怎敢提《東周列國誌》、《封神榜》、《江湖奇俠傳》，就算近代武俠小說，相浦也只知有還珠樓主，原因何在？「他有科幻味道。」笑著回答。呵！他竟把《蜀山劍俠傳》當成SF，我的媽！七十年代我迷金庸，想想這樣精彩的小說，也該引介給我這位莫逆了。於是就舉出金庸的小說，如何曲折離奇，怎樣神出鬼沒……聽得相浦傻了眼。半晌，訥訥地問：「真有這樣好看的小說？在香港？」（相浦說國語喜用倒裝文法）「真真有的！」我大力點頭：「我可借你看看一本！」書櫃裡正好有金庸簽名送我的《書劍恩仇錄》，借花獻佛，讓相浦帶回大學宿舍看。

兩宵無語，第三天傍晚，一通電話掛來我家，劈頭一句便是：「Ichiban，Subarashii（精采）！」再說下去，還是那句「精采」，相約翌日午間到中環於仁行的「美心」喝咖啡。到埗，方坐下，相浦豎起大拇指大咧咧地說：「好個金庸，不遜吉川英治，直逼司馬遼太郎！」天啊！要知道吉川、司馬都是日本當代文豪，能跟彼等量齊觀，足見金庸在相浦心裡的地位。一中一少，談興越濃，西山日落，紅霞滿天，我靈光一閃，迸出這樣一句話：「相浦兄，既然你如斯欣賞《書劍恩仇錄》，何不由先生你把它翻成日文，在日本出版？」一言甫出，深感孟浪，怎可以越俎代庖，為金庸作主？何況相浦心意未明，此舉實在唐突。豈料相浦抖地繃緊臉，一臉嚴肅：「如果真能讓我翻譯，我會好樂意。」喲！意想不到的答案啊！既然答允，我只能強作曹邱，修書一封，約略向查先生說明有大阪外語大學教授相浦杲意欲翻譯《書劍恩仇錄》，望求俯允。本不存希望，不意過了兩天，黃俊東兄來電說查先生有一函回我。跑上《明月》編輯部，拿回家一看，大意是「西城兄：收到大函，謝謝。吾兄願譯拙作，很是歡迎，附上《雪山》及《外傳》共三冊。唯須聲明這，此項授權，以《雪山飛狐》譯文發表於日本雜誌者為限，將來望出版單行本條件另議，因弟另有出版全套日譯本之計畫，將來定將另行相議。吾兄譯文望日本讀者接受，可進行出單行本。一般國際通例，原作者享有版稅之半數左右。順祝工作順利金庸。」過了一日，又遣人送上一套全集，囑交付相浦。接得全集，相浦喜不自勝，矢言要好好地看，我怕全冊費時，耽擱翻譯進程，就進言「不如先看《雪山飛狐》或《飛狐外傳》吧」。相浦不明我意，我解釋說：「篇幅短，看起來較容易。」心底裡，另有密底算盤，因翻譯費時，日本讀者意向未明，萬一不受歡迎，豈非浪費心血？故先以《飛狐外傳》或《雪山飛狐》試溫，成固欣然，敗亦無礙。相浦於是挑燈夜讀《雪山飛狐》，一夜看畢，中午電話掛來，表示樂意翻譯，大喜過望，金庸小說終於可進軍日本矣，此乃香港文壇之光也。我這邊興奮莫名，電話那邊卻是鴉雀無聲，啥事體？半晌，傳來相浦微弱的嗓音：「沈San！敢問酬勞如何計算？」呵！問得對，動筆翻譯，茲事體大，不能白做！於是託俊東兄向查先生詢問如何處理？過了數日，方接到回覆，意謂「願付版稅」，其意甚明，就是先翻譯，俟出版後再計版稅。我一看覺得有點不妥，惟查先生之意既如此，見面只有直言。相浦聽了，頓了一下，不發一言。此事就如斷了線的紙鷂，飛去無蹤。雙方想法有異，金庸的本意實乃希望小說大賣，相浦能多得，可相浦有自己的想法，義務翻譯絕不可行。公有公理，婆有婆理，難分對錯，事遂胎死腹中。

一九九〇年中期日本德間書店透過市場調查，得知金庸乃全球最暢銷的華語作家，見獵心喜，一口氣買下所有金庸武俠小說日本版權。一九九六年四月金庸親赴日本跟德間書店社長德間康快簽約，出版一事敲定。德間書店邀得早稻田大學中國文學教授岡崎由美擔任日本版監修，為表隆重其事，翻譯團體陣容鼎盛，包括土屋文子、小島早依，小島瑞紀，林久之、金海南、阿部敦子和松田京子等著名譯家。這班專家耗心費力，日本版因而保存不少金庸原文的神韻。縱然金庸武俠小說全集陸續在日本出版，以我看，終究失去了先機，此話怎講？說來話長，六、七十年代日本文壇興盛，名家輩出，在大眾文學範疇裡，最具時譽的文豪有四人：吉川英治、柴田鍊三郎、松本清張和司馬遼太郎。吉川、柴田和司馬皆是時代（武俠）小說名家，松本雖以推理小說鳴於時，其實也曾寫過不少優秀的時代小說（《役者繪》），只是推理太出眾，掩蓋掉其武俠小說的光芒。柴田鍊三郎是當代日本武俠小說之神，所著《眠狂四郎圓月劍》（註：近由田村正和主演的電視劇「眠狂四郎」收視率爆紅）瘋魔萬眾，彼精於中國歷史、文學，尤喜《三國志》；司馬遼太郎，固不必說，耽溺司馬遷《史記》，日夜鑽研，取名遼太郎以示遠不及司馬遷，謙恭自卑，文士風範，一部《霸王之家》描繪德川家康，波濤洶湧，氣勢磅礡，眾口交譽，成為小說之王；至於吉川英治，出道遠比三人早，所著《宮本武藏》早已成日本經典武俠小說之作。我提這四位大家，旨在說明他們等級實與金庸相若，而論影響之大，愚見還是有點不及也，日本人口僅一億多（七、八十年代），中國十億餘，書迷自然是金庸的多，以論作品內涵，則各有千秋，難分軒輊。假使七、八十年代相浦教授譯出《雪山飛狐》，在日本出版，與許會引起三大家的注意（註：其時吉川英治已卒），不揣力薄，我或能發揮一些作用，那便是我跟松本清張的小小關係，大可安排跟金庸對談，發表刊於《文藝春秋》或《群像》這一類的著名雜誌，金庸之名就必會廣泛地為日本讀者所熟識。透過松本清張，再跟司馬、柴田對談，金庸小說不在日本全國普及才怪哩！日本人素重知名度，既得三大家賞識，焉會不解囊爭購？松本清張素憐才，喜歡結交有學識的朋友，不然就不會贈書金庸。想來，當年我能斗膽上勸金庸付予翻譯費，則萬事成矣。（註：黃俊東後來告我金庸意在保障相浦的收入，非為節省翻譯費，只是相浦誤解金庸不欲付翻譯費而已。）唉！天意如此，半點不由人。金庸小說日譯要晚至一九九六年方面世，相隔十多年之久，先機盡失，柴田、松本、司馬相偕去世，在世名家則遠遜三大家，即級數稍遜的池波正太郎、多岐川恭等隨後亦不在人間，要找一個跟金庸同級的武俠作家談何容易，千挑萬揀，只有山田風太郎勉可擔當，可論名氣才學，又萬萬不能跟前輩相比。

《書劍恩仇錄》由德間書店出版，廣事宣傳，效果尚可，譯者岩崎由美回記者說：「作品銷路不俗」。此言有據，日譯《書劍恩仇錄》反應理想，其餘著作陸續推出，可續出的譯作銷路就不如前。近年夜思，常為金庸不能跟松本清張相晤而感到懊惱、遺憾，事情既邁出第一步（雙方互贈著作），為何不能再延續下去？只怪自己疏懶，溺於遊樂，荒棄正事。

日本人做事認真嚴謹，一絲不苟，要嘛不翻譯，要譯就把金庸十五本小說（飛雪連天射白鹿笑書神俠倚碧鴛）全譯了出來。金庸首譯《書劍恩仇錄》於一九九六年十月問世，譯者岡崎由美，接著陸續出版，直到《鹿鼎記》為止。今把出版次序日期及譯者名字，附列於下：

書名	譯者	時間	備註
書劍恩仇錄	岡崎由美	一九九六年十月－二〇〇一年四月	前者單行本後者文庫本下同。
碧血劍	小島早依	一九九七年四月－二〇〇一年七月	－
俠客行	土屋文子	一九九七年十月－二〇〇一年十一月	－
笑傲江湖	小島瑞紀	一九九八年四月－二〇〇七年六月	
雪山飛狐	林久之	一九九九年二月－二〇〇八年七月	
射鵰英雄傳	金海南	一九九九年七月－二〇〇五年七月	

書名	譯者	時間	備註
連城訣	阿部敦子	二〇〇〇年一月－二〇〇七年四月	
神鵰俠侶	松田京子	二〇〇〇年五月－二〇〇六年六月	
倚天屠龍記	林久之、阿部敦子	二〇〇〇年十二月－二〇〇八年五月	
越女劍	林久之、伊藤未央	二〇〇一年六月－二〇一一年四月	《越女劍》收錄了《越女劍》、《白馬嘯西風》及《鴛鴦刀》三部短篇。
飛狐外傳	阿部敦子	二〇〇一年九月－二〇〇八年一月	
天龍八部	土屋文子	二〇〇二年三月－二〇一〇年一月	
鹿鼎記	岡崎由美、小島瑞紀	二〇〇三年八月－二〇〇八年十二	

日友來港遊，告我金庸在日本的情況，沒有了松本清張、司馬遼太郎，鼓吹金庸作品的名作家只有田中芳樹和今川泰宏等數人。田中芳樹是科幻、時代小說作家，他的《劍龍傳》、《風翔萬里》都是佳構。田中讀罷金庸小說後，擲筆三嘆，最推崇的便是《鹿鼎記》，評說——「金庸先生的《鹿鼎記》是在歷史大河中，游刃有餘地進行應援，既沒有累贅感又不違背歷史大事件真實的優秀小

說。」可謂的評。事實上《鹿鼎記》的「反英雄」，在中日武俠小說歷史當中，從無一位作家曾如此寫過。今川泰宏初讀金庸小說，他為《連城訣》寫的註解，頗有發明。文學評論家香山二三郎評說：「金庸小說有活生生的劇情，有戀愛，也有陰謀。讀者不禁中了金庸構思出來神奇世界的魔法，不能自拔。」名作家馳星周（因慕周星馳，而把名字倒轉過來作筆名）有云：「以浩蕩無邊大地為舞台，上演以武術及俠士風骨為本錢的男兒馳騁的浪漫史。金庸小說能滋潤現代人像沙漠般荒涼的心靈。」隨著小說流行，金庸的武俠劇集如《射鵰英雄傳》、《神鵰俠侶》、《鹿鼎記》、《天龍八部》都先後引進日本，獲得相當大的反應。日本人讀金庸，譯金庸，能有六成明白、五成正譯，已是上上大吉。我翻讀譯本，往往為那些非驢非馬的日譯語句頓足不已，且舉幾個例子說說吧！《書劍恩仇錄》的譯者岡崎由美把香香公主譯為「維吾爾族美少女」，失真、累贅。《俠客行》的「狗雜種」，譯者土屋文子頭痛了，沒法子，原文照搬，加註為「野狗」，其意相差何止十萬八千里。《碧血劍》裡，「掌門」一詞，小島早依方寸大亂，勉強譯成「總帥」，反不及阿部敦子女士在《飛狐外傳》，直接把「掌門人」入書，乾淨俐落，比小島早依高明多多矣。日本讀者看待武俠小說，觀點、興味有異於我們，崇尚意境，講究幽冥玄奇，淒迷孤寂，此所以佐澤世保

金庸武俠作品被翻譯成英文、法文、日文、韓文、越南文、泰文等，部分譯作於香港金庸館展出。

早期流通的金庸著作由香港鄺拾記報局發行。

的《紋次郎》、柴田錬三郎的《眠狂四郎》瘋魔程度至今不衰。（註：古龍風格近，近年譯作陸續出版。）金庸重情節、人性，日本讀者需時咀嚼、容納，這正是金庸小說在日本稍不如在華人世界那般受歡迎的真正原因。

縱然如此，金庸魅力猶未減，日本仍力倡「金學」，專事研究金庸，初期範圍不大，發軔者乃是岡崎由美女士。一九九八年所著《權威武俠小說指南：解讀金庸世界》，乃是「金學」的入門書。千禧年岡崎在北京的「金庸小說國際研討會」宣讀〈金庸作品與日本武俠小說〉廣泛地引起中、日學者對金庸小說的興趣。中國文學專家加藤浩志在《世界的文學》（二〇〇一年八月號）上發表〈金庸：香港武俠小說與電影〉一文，「金學」更受注視。近年日本「金學」有明顯進展，參考價值亦相應提高。金文京的〈金庸武俠小說與當代中國社會主義文化〉（二〇一〇年）探討金庸創作其小說的時代背景及介紹當代中國學者對金庸的評價，令不少日本人更熱衷研究「金學」。此外，早稻田大學文學學術院助手張文青所撰論文〈金庸武俠小說與國族主義〉和〈異地漂泊的主人公：從金庸小說《鹿鼎記》看文化越境〉亦具新意。倪匡名著《一看、再看，三看、四看金庸》，分析精確，生動靈巧，深入淺出，趣味盎如，更能引導日本讀者進入武俠世界，惜乎無日譯，不然有助讀者進一步了解金庸。近年，日本不少金庸迷組成一些同人組織，

最早的電視劇版《射鵰英雄傳》於一九七六年由香港佳視製作，簫笙執導，米雪飾黃蓉，陳惠敏飾黃藥師，白彪飾郭靖。

二十多年前，漫畫家李志清獲日本德間書店邀請為金庸小說畫封面及插圖，從此成「金庸御用畫家」，部分畫作於香港金庸館展出。

其中以「金庸茶館」、「金迷關東幫會」、「金迷關西幫會」及「金迷江湖」人氣最盛。除開設網站外，成員間經常聚會，他們視金庸為偶像和教祖，中國作家除魯迅外，在日本能得此盛譽者，惟金庸耳。

金庸的小說在東南亞也非常暢銷，尤以越南為最，起先多數是從香港發行過去。越南人不諳中文，金庸小說因而早有譯本，聽說已全部翻譯齊全。越南人讀金庸小說讀得暈頭迷腦，一本小說，父親先看，兒子接力，然後到母親、女兒。為什麼著迷？原來越南文有七成左右的詞彙是從漢語更改過來的，貼近中文，看起中文來倍感親切。除越南以外，印尼亦有譯本。韓國翻譯家金一江，朴永昌也曾翻譯金庸全集作品。既見好書，法國不甘後人，也來軋一腳，首部法文

金庸館
碧血劍
The Sword Stained
with Royal Blood
JIN YONG GALLERY
神鵰俠侶
The Giant Eagle
and its Companion

天山童姥
Tianshan Tonglao

版《射鵰英雄傳》，譯家王健育已於二〇〇四年譯畢出版。王健育的父親曾是台灣國民黨的外交官，彼自幼隨父東闖西奔，閱盡江湖，才藝卓茂，諳多國文字，至法國四十餘年，落戶巴黎。二十餘歲始讀金庸小說，隨即成迷，日誦夜唸，廢寢忘餐，遂興翻譯之念。花五年功夫，譯迄《射鵰英雄傳》。出版後獲法國總統席哈克和法國文教部頒予嘉許獎狀，席哈克讀了全書後，讚嘆不已。《射鵰英雄傳》的成功，讓出版者潘立輝與翻譯者王建育興奮雀躍，再接再厲，意欲翻譯《鹿鼎記》。二〇〇八年九月，潘立輝老遠從巴黎跑到海寧，取得金庸頷首，隨即動手。經過四年辛勤勞碌，《鹿鼎記》終在二〇一二年正式發行，成績斐然。

至於英譯方面，早於七二年已有《雪山飛狐》節譯本。九七年連《鹿鼎記》也有了，由John Minford閔德福翻譯。這正好表明金庸的武俠小說，好多年前已被翻成英文，只是譯筆不佳，文意不順，苦澀難明，因而閱者興味索然。且舉幾個例子吧！單說書名，《書劍恩仇錄》被翻成《The Book and the Sword》，「書和劍」有了，恩仇何在？全不搭架，原意盡失。《鹿鼎記》翻成《The Deer and the Cauldron》，即「鹿與鼎」，啥意思？不佞所理解，鹿者（逐鹿中原）、鼎者（問鼎天下），譯本書名跟原著意思相距何止十萬八千里，能不啼笑皆非，貽笑大方？我曾跟相浦說過，翻譯金庸，一定要熟悉中國歷史，洋學者，即便唸過中文，也未必能道達全意。大抵非借梁實秋、楊絳等先生如椽大筆，方能貼切地將金庸小說的精髓翻出來吧！譯林高手早已去，天下能者有幾人？不知香港金聖華女士可有興趣乎？

對過往的英譯本，坦白言之，我非常非常失望，人家送我，束之高閣，絕少翻看。最近聽說英國出版社將會在今年（二〇一八年）二月發行《射鵰英雄傳》新譯本，聽了不勝雀躍。多年前，閔德福曾發宏願要翻譯《射鵰英雄傳》，功夫做了不少，最後半途而廢。《射鵰英雄傳》是鉅作，不同於《雪山飛狐》，全書涉及大漠風土人情、宋、元歷史，外國人要完全明瞭並不容易，況乎動手翻譯？故對新譯全不抱奢望，人之常情。正月（一八年），美國哈佛學者、《紐約客》作者傅楠（Nick Frish）來港找我攀談，提到新譯《射鵰英雄傳》，從皮包裡掏出譯本予我看，道：「還未正式發行，出版社先送我一冊，所以你不能拍照片。」美國人講究合約精神，作為東方人的我只好遵守，雖然心底裡還是好想偷偷的把它拍下來。傅楠告我在美國早已看過一遍，豎起大拇指誇說「Excellent，Mr Sham you will not be disappointed」。怎個Excellent法？且聽——「精準正確、用字貼切」八個大字，已是最高讚譽。

傅楠喝口咖啡，鑾具信心地說：「這部譯本我相信會在西方社會引起大反響，Louis Cha，fantastic，金庸大名將會傳遍。」講得嶄，但願如此。傅楠於二〇一三年底曾來港找到我，相約在灣仔茶餐廳見面。英氣勃勃，溫文儒雅的青年學者說自己在哈佛大學求學，極慕金庸，向我打聽一切有關金庸的過去。一一相告，臨別要求代為聯絡。我告訴他金庸難見人，他有點失望，說自己想辦法，神通廣大，終於圓夢——訪問金庸。晚年金庸基本上已不接見任何人，不少人千方百計欲見他一面，都給查太阿May用「凌波微步」挪開。那為什麼金庸會接見傅楠？不妨一聽他的自述吧！「因為我有中國文學的學術背景，能夠正面直接用原文欣賞金庸作品，加上《紐約客》一直沒有發佈任何關於金庸現象的文章，所以……」事情再明白不過，金庸是想借傅楠之手跟美國文壇溝通。二〇一三年金庸年屆八十九，精神如何？傅楠這樣說：「我們見面的時候，他的身體雖然有點虛弱，但是他的腦筋還很靈活。我帶了幾本不同的書包括：《海寧查氏家族文化研究》、金庸的小說複印本，他一看到《海寧查氏家族文化研究》，就拿起來，讀得很快樂。很明顯他身體健康雖然有點虛弱，他的腦子還沒退化。」那是說在二〇一三年年底，金庸的精神還是可以的。

相談甚歡，傅楠對金庸有這樣的評價——「金庸作品最重要的特點之一，就是既有中國傳統文學章回小說的特點，又有大仲馬的敘述精神。西方人如果想了解中國文化，必定應該讀金庸著作。」高度評價，體現西方學者已開始重視金庸。

《射鵰英雄傳》新譯由英國出版社Maclehose Press出版。新譯首卷標題《A Hero Born》——《英雄誕生》。譯者是瑞典籍的郝玉清（Anna Holmwood），父親是英國人，母親為瑞典人，平日以翻譯英語、瑞典語為主業。據傅楠說，郝玉清於二〇〇六年開始對中國文學發生了興趣，在牛津大學攻讀當代中國研究碩士期間，首次翻譯中文小說，無意中看到《射鵰英雄傳》，正如一般金迷，一揭，廢寢忘餐，再揭，矢意要把它譯成英語。二〇一二年，她跑到出版社洽商出版《射鵰英雄傳》，向編輯基利斯托（Christoph）推薦，基利斯托看過後，堅決地說：「我一定要出版金庸先生的作品。」於是一錘定音，促成今趟《射鵰英雄傳》新譯的出版。《射鵰英雄傳》全書分十二大卷出版。書的英文譯名是《Legends of the Condor Heroes》比較接近原著，雖然Condor只是禿鷹，總比那些不倫不類的譯名高明得多。傅楠告我郝玉清認為金庸筆底下的俠義文化，跟中古西歐的「武士精神」相彷彿，極像大仲馬的《三劍俠》。一聽，暗忖「對頭了」。金庸一生受大仲馬影響至深，郝玉清有此體會，斷不會差到哪兒去。一睹為快，已託傅楠寄一本過來看看。英譯金庸小說以前也有過譯本，除閔德福和學生賴茲雲的未完成譯作外，完成出版譯作有三本，皆為香港所譯：（一）《雪山飛狐》中文大學出版社（一九九三年至一九九六年）。（二）《鹿鼎記》、《書劍恩仇錄》皆是香港牛津大學出版社出版。（二〇〇四年）。

外國月亮圓，本地譯作未能引起轟動，我只寄望郝玉清女士的新譯，發光發熱，若然，世界各國金庸讀者幸甚焉。

第四章

老朋友們

金庸成名後，朋友遍四海，可他念情，常說：「朋友還是舊的好。」舊朋友眾矣，文化界的、新聞界的、電影圈的、商界的，數之不盡。其間有往來不多的，也有常晤面的，這裡不妨數說一下金庸恆常往來的文化界朋友們吧！

頑童倪匡

不少人寫過金庸，除了倪匡外，都不精準貼切，原因之一是他木訥，不如倪匡風趣。既木訥又不風趣，趣事自不多，寫者難捉摸，豈能傳神？可世事並不盡然，金庸也有佻脫的一面，比方他請人寫稿，怕人不應允，有時也會奇招迭出，在下便曾領教過。有回他請我替《內明雜誌》譯稿，怕我拒絕，便先給我捎來一信。金庸寫信有一定格式：先把要求的事列成幾點，不管收信的人輩分，信末必以弟自稱作結。所列幾點包括稿件性質，怕我小心眼，擔心稿費，聲明稿費由弟負責。接到這樣的一封信，你還能拒絕不？金庸為什麼會替《內明雜誌》拉稿子？這裡不能不閒扯一筆。《內明》是一本佛經雜誌，主編沈九成是金庸好朋友，金庸本身篤佛，常跟沈九成過從論佛，尤其長子傳俠在哥倫比亞大學宿舍遇事後，更醉心佛經的研究，聽說《內明》的經費有部分是由金庸負責的，難怪拉稿如此熱心。金庸鐵肩負道義，對作者稿費如此一力擔承，你們一定以為金庸對稿費不會計較，如此想，謬之極矣！這裡所謂稿費，是指金庸付與作家而言，非是人家付與金庸。事實上香港怕沒有人能請得動金庸寫稿，大作家的稿費怎算？難有準則，這又如何請法？聽說《蘋果日報》創刊，老闆黎智英想請金庸賜助，開出稿費驚人，仍然撼動不了金庸的意志：「萬分對不起，恕難從命。」

《明報》銷量高，老闆賺大錢，可稿費一向不高，至少比不上《東方》和《成報》。大約七九年吧，三蘇介紹我去《東方》寫小說，訂明寫三個月連載，每天八百字，稿費一千大元；我在《明報》翻譯推理小說，每天一千字，稿費僅六百五十元，比《東方》多二百字，少三百五十元。我沒提過抗議，怕丟飯碗。倪匡兄妹、林妹妹燕妮，才高氣壯，狠向膽邊生，齊向金庸發功抗議，電話、信件齊飛，要求加稿費。叵耐金庸總是左推右擋，以武當太極卸勁化去倪氏兄妹、林妹妹少林金剛掌猛攻，氣得倪匡等人半死。如何化解？且聽石貝女士（前《明報》編輯，專責檢查文章工作）的說法吧——「林燕妮叫金庸加稿費，金庸笑眯眯說：『你那麼愛花錢，加了又花掉，不加。』」亦舒也鬧騰，依然笑眯眯地

一九七〇年新都城開幕，作者在宴席上初遇倪匡。

倪匡身邊是利文出版社的老闆葉鴻輝，為倪匡出版《亞洲之鷹》小說。

說：「『你都不花錢的，加了稿費有什麼用？』亦舒氣不過，在專欄裡罵金庸，還是笑眯眯：『罵可以罵，稿照登，稿費則一概不加。』」絕呀！真絕呀！給老查弄得沒辦法，趁住一趟宴會，帶著幾分酒意，倪匡在一眾作家面前，大聲疾呼要求金庸加稿費。「查良鏞！你賺了這麼多的錢，也應該加加稿費了吧！」倪匡聲如洪鐘，猛似下山虎。信心未具，滿以為金庸會一口拒絕。金庸吃吃笑：「倪匡兄！好好，我加！」一場風波遂息。事後稿費真的加了，加多少？百分之五，聊勝於無。倪匡不滿，打電話嘮叨，金庸拗他不過，於是施展殺手鐧：「好啦好啦！倪匡兄！不要吵了，我給你寫信。」金庸用近乎哀求的語調說。一聽老查寫信，倪匡險些兒暈過去，嘆曰：「我命休矣！」何以有此輕嘆？原來論口才，金庸萬萬敵不過倪匡，講到寫信擺道理，倪匡絕非對手，起碼差了一大截。倪匡一向怕寫信，一字千金！寫信白寫，沒錢拿，只有傻瓜才做，獨有金庸這天下一等一的傻瓜，偏偏喜歡寫信。倪匡說過從來不曾見過有一個像查良鏞那麼喜歡寫信的人。好一個金庸，坐言起行，過兩天覆信到了，倪匡拆開看，附有十幾條條文，不是訴說報館開銷大，便是經濟如何不景，唯有節約。最後是：吾兄要加稿費，勢必引起連鎖反應，處理不易。意即謂你加，別人也要加，這筆開銷不輕，如何得了？望兄鑑諒。直把倪匡看得心酸難熬，涕淚交縈，最終棄械投降，不再提加稿費。難怪倪匡要說：「我雖然蠱惑精靈，卻鬥不過老查，他是老奸巨猾。」金庸真的是老奸巨猾嗎？當然是倪匡開他玩笑。倪匡真的鬥不過金庸嗎？這又未必，有時候金庸會給倪匡弄得哭笑不得呢！

倪匡常去金庸家閒聊，有一次，看見金庸客廳放著一個茶杯，精緻清雅，拿起來把玩，金庸告訴他這是明代古董，很值錢。倪匡開玩笑問：「送給我好不？」金庸笑笑說：「好，你喜歡拿去好了。」這時候剛好女傭來催吃飯，倪匡順手把茶杯擱置一旁。飯畢，倪匡起身告辭，遍找茶杯不獲，便問金庸茶杯何在？金庸若無其事地笑著回答：「我收起來了！」倪匡為之氣結，卻又莫奈之何，只好怏怏回家，心底怨著：「老查，算你道行高。」過了幾天，倪匡又作客金庸家，這回看中一本清朝線裝書，央金庸讓給他。金庸同樣笑笑說：「好呀！你喜歡拿去便是。」倪匡一聽，立即鞠躬致謝，捧起書，開門就走。金庸忙攔在門口：「倪匡兄，快吃飯了，你去哪裡？」倪匡想也不想，回答：「你們先吃，我回去把書放好，回來再吃。」旁邊的人聽了無不捧腹大笑。事後，倪匡解釋曰：「金庸並非吝嗇，總是喜歡耍我，或者我是特別好玩吧！」由是一路以來倪匡在《明報》的稿費並不太高，比起《東方》、《清新》、《翡翠》大有不如。倪匡常自歎曰：「跟查良鏞太熟，老朋友嘛，有時反而不好說話！」一向是清兵、勇字當頭的亦舒，比胞兄倪匡更橫蠻，在專欄裡揮筆直罵金庸刻薄天下爬格子動物，用詞刁鑽辛辣，胞兄也搖頭：「唉！我這個妹妹呀，就是這個性子！」面對如斯剛猛攻勢，查大俠氣定神閒，不變應萬變，以靜制動，輕施卸勁，把亦舒降得服服貼，到升任政府高官，月入十萬，仍乖乖地化個「伊莎貝」筆名留在《明報》寫稿費不如理想的「小文」。本港文化界裡，倪氏兄妹以糾纏老闆加稿費聞名，居然都給金庸弄得服服貼貼、俯首稱臣，你說金庸的本領有多大？因此木蝨雖惡，遇上糯米，一經黏住，也是變不出什麼戲法來的。金庸嘛，正是專治倪氏兄妹和林燕妮這三隻調皮木蝨的糯米。

許多人說金庸吝嗇，其實非也，他只是深諳節省之道，不像大剌剌的倪匡亂花錢，也不會富而後驕，他是應用則用，對待朋友有時也很慷慨，這一點倪匡體驗至深，倪匡有什麼困難，金庸都會幫忙，等錢用嘛，金庸會預支版稅，這是倪匡跟《明報》出版部職員吳志標（吳志標乃通天老倌，《明報》所有職位，除老總外，他幾乎全做過）親口說的。倪匡預支衛斯理版稅，非小數目，通常都逾十萬之數，七八十年代，天文數字耳。金庸從來沒有一趟皺過眉頭，偶然會帶點勸告口吻對倪匡說：「倪匡兄，錢不要亂用呀！」左耳入右耳出，搗蛋倪匡從不聽勸。一趟倪匡又問金庸預支版稅。金庸回道：「好好！等我查查看，明天答覆你。」翌日回電：「倪匡兄，閣下的衛斯理版稅，照出版部同事說，已預支到後年十二月了。」換言之即無版稅可收，以為會知難而退，好個倪匡，臉不紅，氣不喘，立即說：「老查，這樣吧，你先轉給我，好不好？」金庸察情度勢，難捨倪大作家，唯有照辦。難怪倪匡這樣說：「老查是一流的好朋友，卻是九流吝嗇的老闆。」金庸辦報發了大財，倪匡是他的老朋友，他可沒有義務一定要這樣的照料倪匡，現今世界的人，勢利現實，像金庸那樣對待朋友，並不多見。（註：金庸去世後，記者訪倪匡，老爺子表示從不主動找金庸，生平也只通過兩通電話，更說：「他這麼有錢，朋友又多，我找他幹嘛？」問他可會參與喪禮，只說：「查太要我去，我去，我不喜歡去殯儀館，難道要我陪他一起去？」）還有一個上海老鄉戴文祺，某年除夕，身無分文，眼看過不了年，人急智生，跑上《明報》找金庸，期期艾艾，語不對題。金庸心水清，知其來意，和顏悅色地說：「文祺兄！我這兒剛剛有兩萬塊，你先掏去用！」事後，戴文祺豎起大拇指向我說：「查老闆，講義氣，是天下第一等好人！」那不借，就是壞胚子乎？

插畫良友

王司馬

金庸愛才，更不忌才，有才華的人，在《明報》工作都會受到另眼相看。這裡舉個例子，《明報》人才輩出，已故漫畫家王司馬就是金庸最珍惜的人。王司馬進《明報》工作時，還未成名。我跟王司馬很有淵源，大約在一九六七年，我投稿《明燈日報》「日日小說叢」版，替我配圖的正是王司馬，筆名力恆，生動傳神，小說添彩。王司馬進《明報》後，工作勤奮，表現出色，金庸鑾喜歡他，喜歡還喜歡，插畫費一直沒加過，依然是三百大元一個月。

某天，他遇到倪匡，忍不住在倪大哥面前發了一點兒牢騷，倪匡昂首挺胸答應替他去說項。王司馬善良怕事，急忙阻止。倪匡朗聲說：「拍啥！老查不加我加！」豪氣干雲，王司馬再不好攔他。

在宴席上，倪匡見到金庸，問：「查良鏞！王司馬的漫畫嶄不嶄？」（「嶄」是滬語，即「頂呱呱」的意思。）

「嶄，交關嶄！」金庸豎起大拇指。

「應不應該加稿費？」倪匡引金庸進入正題。

「應該！」金庸想也不想便回答

「你可知道他只有三百塊一個月嗎？」倪匡說。

「吓！這麼少？不行不行！」金庸頓足嚷：「那他想加多少？」

「一千五百元！」倪匡想也不想便說。

「什麼？」金庸有點猶豫：「這……這多一點了吧！」心想：要命！一加，五倍哪！「那你可以加多少？」倪匡瞇著眼鏡背後的小眼睛。

「嗯——」金庸想了想：「一千元二百元吧！」

「謝謝儂，謝謝儂！」倪匡脫帽致敬。

原來王司馬的本意只要加到五百元，現能有一千二百元，倪匡如何能不彎腰道謝。（老查老查！你上我當了，嘻嘻！）這一回正是小倪匡計取老金庸。金庸後來知道了，不以為忤，笑笑說：「一千二百塊能買王司馬的畫，太便宜了！」這可見金庸是多麼愛才！金庸很鍾愛王司馬，稱彼是《明報》裡最英俊的男人，這是不爭的事實。王司馬端正方圓，舉止儒雅，說話和氣，禮儀周周，對著他，辛辣的哈公也發不出脾氣來。他喜歡跟我們一班人（黃俊東、哈公、麥中成和我）

在「吉祥」喝下午茶。某日說起壽命，王司馬洋洋自得地說：「我算活多啦，跟我一道從澳門來的兩位好友，陽壽不過四十便走了。我今年四十二啦，哈哈哈！」哈公善相，聞言大驚失色，喊道：「王司馬呀！王司馬！此話不能亂說，要折壽的。」翌年，病骨癌，英年早逝。金庸悲痛莫名，流下了男兒淚，擔負起一切殮費，並親臨執拂。金庸喜歡王司馬，請他為《金庸作品集》插畫。昔日在報上連載時，插畫的是雲君（原名姜雲行，七十年代後，不知所蹤），線條硬朗，古意洋溢，深為讀者所喜，時人云：「金庸小說、雲君插圖，天下無雙。」直是最真確的評語。王司馬配圖，線條優美，描摹女人，婀娜多姿，刻畫男人，氣勢略欠。

李志清

九十年代後，金庸小說進軍日本。出版商德間書店特聘繪畫《三國志》的李志清插圖。志清畫技明顯在王司馬之上，男女主角在他陰陽兼並的線條下，表現得血肉俱全，栩栩如生，不遜雲君。李志清篤實敦厚，跟金庸並不稔熟，見面不外幾趟，印象中，金庸不善言語，溫文有禮，異常客氣，給予創作絕對自由，從不過問內容、過程。近年李志清的畫，行情看俏，各地博物館爭相收藏，香港金庸館就藏有他不少人物畫像。

董培新

你有看過《女黑俠木蘭花》嗎？倪匡的傑作，小說好看，封面更吸引。繪者正是名聞香港的培新。培新姓董，早年專為《新報》旗下出版的小說、刊物插圖，技藝直迫雲君，容或過之，我最喜歡。不過，培新從未為金庸小說插過圖，原因何在？原來六七十年代，香港報壇競爭激烈，尤以《新報》、《明報》為然，你不讓，我不退，拼過死活。舉個例子吧！《明報》有金庸武俠小說，羅斌就讓台灣臥龍生易名金童撰《仙鶴神針》對壘，以「庸」與「童」音近。羅斌打人情牌，綁死培新，不讓他為別的報紙，尤其是《明報》工作，培新遂成為羅斌的專屬品，動不得也哥哥。近年退休的培新鳥倦知還，偶自加國歸，多與相聚。培新告我一直喜歡金庸小說，也曾有意為他配圖，已有前賢，事未能成，惟心不死，商諸金庸，直道意欲繪其筆下人物。覆曰：「歡迎之至，早有此意。」一畫思大盛，一幅一幅氣勢磅礴的金庸筆下人物圖出現諸君眼前，迷盡天下金迷。雲

金庸欣賞為他配圖的年輕畫師李志清。

作者席上遇晚年手繪金庸武俠小説人物的董培新（右）。

君、王司馬、李志清、董培新等名家都為金庸小說繪過畫，你們喜歡哪一個？我嘛，哈！買過關子，暫不告訴你們！

古靈精怪王世瑜

王世瑜（阿樂）是金庸最喜歡的人，六十年代王世瑜已在《明報》工作。老臣子戴茂生說，王世瑜初入《明報》，只是個微不足道的信差，可這個信差乃是會舉一反三，兼且做事勤力的小伙子，加上口舌便給，活絡靈巧，深得老鄉金庸歡心，很快便由信差升為校對、助理編輯、編輯、而到最後，金庸更命王世瑜出任《華人夜報》總編輯，升職之快，在《明報》堪稱史無前例。（詳情見第五章《誰是韋小寶？》）

作者沈西城、出版人吳思遠跟王世瑜（阿樂）一七年相逢於香港。

財經專家林山木

除了王世瑜，金庸還相中林山木。林山木在《明報》起初只是在資料室任職。金庸賞識他的才能，鼓勵他去英國念書，學成歸來立刻請他出任《明報晚報》副總編輯。後來總編輯潘粵生去星加坡辦《新明日報》，林山木獲升任老總。林山木是潮州人，有潮州人的固有狠勁，辦報方針不同於潘粵生，有常人不敢想像的思維和衝勁，《明晚》就在他的衝勁底下，銷路節節上升，恰值股市狂潮，買股票等如買馬，講究貼士[1]，《明晚》如同馬經，專門向股友提供貼士，作隔天預測：滙豐會升多少，購入為宜、和記下挫，理宜抛出。股友就根據提示買賣。所作預測，多能億則屢中，《明晚》成為股友明燈，銷路焉能不好！《明報晚報》這張全港獨一無二的經濟報紙，遂成為一紙風行的晚報，銷路好幾萬，傲視群雄。

---

1 編按：指考試、賭博或遊戲的提示。

為什麼林山木會得到這麼多準確貼士呢？原來七十年代股票市場裡的許多大戶像李嘉誠、廖烈文等，都是潮州人，跟林山木可謂同聲同氣。林山木氣宇軒昂，風度翩翩，口齒便給，又是《明晚》老總，大戶都願意跟他來往。酒足飯飽，聊起翌日股市，自然會說出個人觀點，林山木默記在心，第二天一早趕回報館寫成文章發表。《明晚》通常在下午一點左右出紙，股友看到林山木的提示，仍可趕上下午的交易，因而有段時間，全港股友都把《明晚》奉為圭臬。也許你會問為什麼那些大戶會自願向林山木提供內幕消息呢？很簡單，就像騎師或練馬師對寫馬經的提供貼士一樣，旨在宣傳做勢。想一隻股升，最好的方法莫如能在事前透過傳媒，製造消息，那麼股票必然會上升，這是先利己後利人的做法。《明晚》銷路好，林山木憑藉關係，在股票市場上賺了一大筆，見獵心喜，便想到自己辦報。暗中籌備，計畫出紙一大張，內容以經濟為主，副刊只占半版。他跟太太駱友梅兩人負起編輯工作，再添編輯一人、校對二名和一個記者便成局，支出既有限，加以跟上流社會交情深厚，取得一手資料自不成問題。編輯相中了「中國版」的毛國昆。林山木起異心這件事，正好體現出金庸的寬宏大量和聰慧黠智。一切準備妥當，林山木便向金庸攤牌。

金庸早已聽到風聲，沉著氣道：「山木兄！我給你看一樣東西。」打開抽屜，取出一信，讓林山木看。寫信的正是毛國昆。原來毛一早已向金庸舉報林山木的異心。金庸如何肯失去這個難得人才，千方百計挽留：「我希望山木兄只是一時想法，同事這麼久了，我衷心希望你能留下來，條件方面，我們可以好好商量。」無論怎麼說，可也留不住山木外向之心，於是《信報》創刊了。《明晚》這張全港獨一無二，銷路好幾萬的經濟報紙，在《信報》發行後，銷路才逐漸跌下來。到潘粵生接手時，銷路僅二萬餘份。許多人罵林山木忘恩負義，金庸不獨沒生氣，反替林山木辯護：「人望高處，水往低流呀！林山木有這麼好的成就，我也高興。」嗣後，在許多宴會場合，金庸都會跟林山木碰頭，定必趨前握手，客氣的稱呼他做「林先生」而絕無一般老闆的習氣，大剌剌的叫「山木山木」。

（註：金庸仙逝，外間對他的評論，毀譽參半，有人以彼為「楊過」和「韋小寶」，也有稱他是「君子劍」，孰是孰非？各有論據。近日林山木敘述跟金庸的過節，指他曾施黑手打壓《信報》，頗具可讀性。）

一代編輯胡菊人

《明報》旗下良將如雲，胡菊人是其一。胡菊人是廣東順德人，苦學成功，先後當過《大學生活》社長及《中國學生週報》社長。金庸一早便留意他。《明報月刊》初創，內容晦澀深奧，學術味濃，曲高和寡，讀者不喜，銷路平平。在商言商，金庸商諸總編輯許冠三，要求調整內容不獲同意，冠三一怒，掛冠而去，只好另覓人選。茫茫文海，何人最合？金庸立刻就想到了胡菊人。《明月》高水準刊物也，胡菊人欣然應聘。六八年起，《明月》落入胡菊人手中，視之為親生兒子，事必躬親。夙夜匪懈，勤於編務，其時住在鰂魚涌中興大廈，到南康大廈《明月》編輯部徒步只需十五分鐘，當心血來潮之際，不管時已夜深，都會披上外衣，回編輯部看稿件，甚至摸黑走入版房看大樣。黃俊東擔心，勸他：「菊人兄！不要這樣，三更半夜走夜路，遇上劫匪便糟了！」你猜胡菊人怎樣回答？兩聲乾咳：「怕什麼？我身上又沒東西給他們搶，大不了把塊老爺錶拿去吧！」胡老總大抵不明白遇到賊匪，最怕是沒東西給他們搶，怒從心起，手起刀落，性命堪虞。黃俊東當然沒有把最壞的後果告訴他，即便說出來，怕也動搖不了菊人的心意，仍然暗行夜路，用他那智慧的燈，照亮知識寶庫——《明月》。金庸從同事口中得悉其事，也曾力勸，哪會聽？依然故我。

八一年《明報》發生了一樁驚天大事，《明月》總編輯胡菊人離職跟台灣報人傅朝樞一同創立《中報》。消息傳出，震動報壇，不貳之臣胡菊人也會離巢而去？眾人議論紛紛。傅朝樞原為台灣報人，將資金移來香港，準備大展拳腳，有人從中扯線（據聞係名學者徐復觀），介紹菊人與他相識，一見如故。傅朝樞請胡菊人當《中報》總編輯，初時不為所動，經不起言辭懇切的遊說，終於首肯。胡菊人誼母農婦曾勸彼三思而行，沒聽，毅然向金庸呈辭。金庸問可有想清楚？回說：「想清楚了，希望查先生無論如何給我一個機會。」語氣堅定不移。金庸多方挽留無效，迫於無奈，只好讓愛將離去。

為了酬謝胡菊人十三年來的辛勤服務，金庸特地在「海城酒樓」設宴歡送，撫肩勉勵殷殷，即席贈與「勞力士」金錶，場面感人。後來菊人失意《中報》，金庸知道後，萬分惋惜，不時向農婦詢問彼之近況。胡菊人離《明月》，為求加強人手，曾暗地裡積極拉攏《明報》編輯部人員，只是網羅手法近乎迂腐。他對人說：「你老幫幫忙，目前我們很艱苦，只要度過難關，光明就在望。現在香港報界，烏煙瘴氣，我們有責任和義務撥亂歸正。薪水方面，可以酌量加一點。」

加多少？聽著——「二千加二百。」一動不如一靜，好人才俱不為所動。不過《明報》當時軍心頗為動搖，幸賴金庸處變不驚，穩定大局。查太阿May告我，胡菊人離《明月》前，將新一期的稿件悉數捲走，存稿不足應付下一期的出版。金庸挑燈夜書，以一人之力，填補空缺。新一期《明月》順利出版，水準無損。金庸事後沒半點怪責菊人，還人前人後盛讚他是一個好編輯。胡菊人的確是一流編輯，離開後，立竿見影，《明月》銷路一直下滑。聞戰鼓而思良將，金庸午夜夢迴，當忘不了胡菊人。

性烈如火哈公

金庸無數朋友當中，跟我投緣的有倪匡和哈公。哈公原名許國，以寫怪論稱譽於時，足可媲美三蘇。其人硬朗倔強，正直不阿，文筆鋒利，言辭不遜，賺得無數讀者追看，卻引來不少權貴抗議，有違《明報》準則。金庸雖倡言論自由，尊重文人，偶亦不得不提筆刪削。某趟潘粵生削去哈公的一塊心頭肉，勃然大怒，立即罷寫。怪論一日不出，讀者抗議信函、電話不絕，要求編輯部作出交代。編輯部應付不了，操刀者乃老總，無力交涉，只好下意上呈。茲事體大，金庸無奈，親自偕潘粵生向哈公解釋，好話說盡，只是許國不肯服軟，堅決罷寫。金庸最後施展絕招，柔聲道：「許國兄！我倆是多年『長城』哥兒了，這個臉你總得給我吧！」一提「長城」，想起當年兩人微時，相對伏案，振筆直寫劇本，種種心酸，盡湧心頭，哈公素來服軟不吃服硬，至此已軟大半，噙著淚，伸手跟金庸一握，怒火化為輕煙，即晚提筆上陣，洋洋灑灑，痛快淋漓。於是尖酸辛辣的怪論明日又見報。哈公硬，金庸軟，遇有事時，柔指功出，哈公無不乖乖就範，罷寫風潮遂息。獨有一趟柔指功不靈光。某夕哈公跟我在吉祥冰室渴咖啡，看他臉似玄壇，兩眉高翹，知必有事端。果也，未及開口問，哈公已拍檯，怒道：「老查真不是東西，要辭退我，明說嘛，何必如斯齷齪，背後耍手段？」啥事體？那麼火？老好人黃俊東在旁做好做歹相勸：「哈公，有話慢慢講，小心血壓。」（哈公患高血壓）俊東懂養生之道，道風山石屋兩椽，植有不少花草，其中桂花飄香，醉人心田。哈公彈眼碌睛，大聲道：「我怎能不發火？他媽的……」（下刪十六字）隨即道出原委。原來金庸要勵精圖治，改革《明報》，特委TVB鄭君略出任《明報》經理，第一步要革新的，正是哈公主管的出版部「明窗」。這無疑是捋哈公龍鬚，這還了得！長期以來，哈公坐鎮「明窗」，他說一沒人說二，正是一人之下萬人之上，天哪！如今空降鄭君略到來「明窗」，事前沒打一聲招呼，豈非瞧我老許不起，要我捲鋪蓋嗎？難怪哈公生氣。傻東是出名的好好先生，勸道：「查先生這樣做，必然有他的計較——」言猶未已，哈公拍檯嚷起來：「計他的頭，要踢走我這個老頭子才真！」傻東嘆了口氣，不再言語。哈公跟金庸有過命的交情，早年同事「長城」，朝夕相對。金庸辦《明報》，哈工二話不說，趕來助陣，幾十年老兄弟，如此不給面子？生氣必矣！我跟傻東勸了老半天，也下不了哈公的脾氣，只好請吃他最鍾愛的公司三明治加黑咖啡，消氣。

怒氣沖沖，二佛升天的哈公，終讓金庸施軟功給撫平了，仍留《明報》，可已存異心，無復昔日那般勤奮矣。有人曾跟金庸提起這件事，金庸搖搖頭，回說：「許國兄誤會了，我是一心想把公司企業化，搞好公司福利，他不懂。」其實這就是新舊觀點的分歧。結果哈公興起組織「作家協會」的念頭，旨在為作家謀福利，向老闆爭取稿費，商諸一向以加稿費為己任的倪匡，滿以為一定舉腳贊成，豈料所得答覆竟是：「哈公！那萬萬使不得，老闆講實際，重功利，除非作家有分量，不然絕不肯加一個子兒。」倪匡實話實說，香港盛行自由市場，有供有求，哈公聽得觸心筋，不納倪匡言，勉力從之。出師未捷，患癌病逝，時維一九八七年六月十五日，享年五十四，可謂英年早逝。倪匡是智者，說作家要爭取稿費並不容易，誠至理名言。試問時至今日，能跟報館老闆講斤頭的作家能有幾人？

精光內斂董千里

《明報》眾多作家當中，論文筆，董千里可謂數一數二。金庸誇他「遒詞麗藻，不同凡手。」敬他三分。某趟，金庸出差，臨行前託倪匡代寫《天龍八部》。倪匡一聽，心花怒放，心想：「老查可看得我起呀！嘻嘻！」一派賊頭狗腦。豈料聽得下半句，整個人掉進了冰窖。「倪匡兄！謝謝你拔刀相助，我大可以安心去辦事情。你——」金庸頓了頓：「寫好之後，最好給老董看看！」老董者，即董千里也。本是好心提示，聽在年少氣盛倪匡的耳朵裡，滿不是味兒。（啥個事情？我寫的東西要給老董看看？馬的！要不是我的文章比不上老董？）名作家倪匡氣難平。金庸為啥要這麼地伏一筆？他素知倪匡才情卓越，腦筋活絡，只是性急輕率，忙中便有錯，不如老董精細穩當。這是知人善用呀，可倪匡不領情，總想糊弄金庸一下，終於弄瞎阿紫雙目，消消火。董千里浙江鎮海人，倪匡同鄉，長金庸三歲，出身上海《申報》，乃史量才麾下要員，名門之後。金庸重門第，量珠聘用，倚重有加。五十年代後來港，成為專欄名家，寫歷史小說（成吉思汗），撰小品（項莊舞劍），俱有特色，尤以政論，猶如一把利刃，直插對手心窩，筆鋒之利，之辣，絕不遜魯迅。金庸遂奉為「文膽」，《明報》社論部分出自老董之手。說真的，這一點倪匡實不如董千里。董千里長臉、鷹鼻、隼目，平日不拘言笑，在《明報》報館內偶然碰見，叫一聲「董先生」，也只是略略點頭，便擦身而過。老董不好相處呀！《明報》中人眾口一詞，不敢與彼打交道。余生有幸，跟董千里前後打過兩次交道。一次在「吉祥」碰到，主動趨前請教寫作之道。滿以為會碰個大釘子，熱面孔貼冷屁股，豈料西天出太陽，抬手示意我坐下，還為我叫了杯熱騰騰的咖啡。唷！暖在心中口難開。他隨口教我多看一些五四時代作家的文章，尤其是梁實秋，林語堂和周作人——「除非你要搭人家打筆戰，才看魯迅，這麼樣你會紅，可太辛辣，不夠沖和，容易招禍，何必呢！所以頂好多看梁、林、周等三大家。林語堂幽默，梁實秋凝練，周作人博學，開卷有益，格三家看通，文章便好哉！」銘記心中，得益無窮。

第二回在報館，下午時分，董千里匆匆回來視事，碰巧我跑上《明月》交稿，碰個正著。我說董先生我看了梁實秋，周作人：「交關嶄！」他很高興，豎起大拇指誇我，拍了我一下肩：「小開，用功哦！」我應了一聲好。董千里正欲迴身走，我一把攔住：「董先生，你跟金庸常見面嗎？」董千里沉吟了一下：「可以這樣說，多在報館裡，私交只限於查府沙蟹局。」滿以為冷面董千里是高手，原來只稍勝倪匡半籌，大出我意料之外。九十年代中，我重遇方龍驤，董千里是他嫡親表哥，但少來往──「我這位表哥喜歡古典文學，聽聽戲，冷冰冰，勿大歡喜跟人來往，一年三百六十五日，看不上一面。」龍驤告我董千里命好，無疾而終，香港報界，自此少了一根健筆。

標題高手雷坡

金庸手下猛將如雲，王世瑜以外，不得不提偎紅樓主雷坡。且說《明報》銷路穩步上揚，為爭讀者支持，遂效法《星島》系報紙，在星期日加送一張副刊，便是《明報週刊》的前身。出版了一段時期，很受歡迎，金庸銳意改革，請編劇、導演陳銅民（陳可辛之父）主編，版樣方面也由三十二開改為十六開，具備了後期《明報週刊》的雛形，頁數雖薄，內容比前增加，更受讀者歡迎。金庸是知識分子，卻具胡雪巖的儒商本質，做生意的本領不比真正商人差，見週刊大有可為，決心大事擴張。這時，陳銅民要去搞電影，下堂求去。金庸便叫大弟子潘粵生當老總，將十六開改為八開，頁數增厚，再不隨報紙附送，而是每份定價五角。喂！千萬別看輕這五角，那時報紙一份售一角，五角非小事，太貴矣！《明報》上下編輯咸表反對，以其一向送慣了，突然要讀者付錢，未必有銷路。一份週刊花費五角，又怎能跟報紙競爭？金庸獨排眾議，道：「各位同寅，我們可以多加一些彩色，內容方面嘛，嗯——可走一些較適合家庭主婦們看的軟性文章路線，我看呀，銷路不會差到哪兒去！」老闆既這麼說，自然再沒有人提反對。潘粵生主編《明報週刊》的時間不長，《明報》要發展星馬市場，決定在新加坡創刊《新明日報》，金庸為股東之一，潘粵生外調到星加坡主理《新明日報》編務。

大將一走，總得有人替代，《明報》娛樂版主編偎紅樓主雷坡走馬上任。潘粵生時期的《明報週刊》銷路平平無奇，不致虧本，也無錢可賺，正是食之無味棄之可惜，誠雞肋也。雷坡，原名雷煒坡，出身於左派《晶報》，隨香港第一主筆陳霞子學藝，盡得所傳。（註：雷坡入《晶報》當記者，缺乏經驗，一趟採訪機場新聞，舉機盡耗十筒菲林，被勒令退職。督印鍾平憐其勤奮，力保留職。）初編娛樂版時，已以標題標奇立異，獨步報界。接手後，力求銷路，要編輯不斷創新，過於嚴格，原來的編輯無法應付，紛紛離巢。雷坡處變不驚，不加挽留，改以清一色女編輯、女記者應付突變局面。《明週》在雷坡的精心策劃底下，銷路狂飆，尤其是揭「香港小姐何秀汶情書」那篇文章，轟動香港，《明週》一下子增加了好幾萬。何秀汶是誰？怕大家已無印象，她就是人稱「阿叻」陳伯祥的舊女友。那時阿叻還未成名，跟朋友組織了一隊樂隊在夜總會表演，他是標準的花花公子，女友無數，何秀汶只是他其中的一個女友，那篇情書據說是何寫給他的。何秀汶甜美活潑，體態撩人，以我看來，無線後期選出的香港小姐，除李嘉欣外，沒一個及得上她。《明週》靠何秀汶刺激起銷路後，雷坡雄心勃起，千方百計發掘內幕新聞，他放下老總尊嚴，四出奔走，主動聯絡電影、電視男女明星、藝員，禮賢下士，訴諸情感，這套睦鄰外交政策，收到預期效果，許多男女明星藝員都樂意吃這一套，當雷坡是知己，有什麼心事都率先向他傾訴，由是《明週》每期必有祕聞揭露（皆屬正面報導）。六七十年代，報上雖有娛樂版可供刊登消息，版位金貴，不能暢所欲言。週刊不同矣，可鉅細無遺地發表，因而一般男女明星藝員都願意把自己的祕密說給雷坡聽，登在週刊以廣宣傳，正是一家便宜兩家著，各受其惠。祕聞滿刊，《明週》又怎會不暢銷呢！於是鈔票「麥克麥克」地滾來，金庸笑口常開。

說到編週刊，雷坡實是天下第一高手，他最耍家的就是「標題」。標題者何？吃新聞行業飯的都懂得，卻不代表人人都懂得下標。「標題」是一項學問，易學難精。標下得好，可收牡丹綠葉之妙，反之，則白天鵝變醜小鴨。所以有人說：「『標題』標下得精，壞句變妙章；下標得糟，珍珠成沙子。」別以為沒有這種編輯，那年代的週刊裡面，正有這樣的一位女編輯，點金成石，嗚呼哀哉！雷坡大不同，一篇內容空洞的文章一經他「標題」，哇哇！立刻燦然生色，光彩耀目。雷坡尤擅封面標題，許多《明週》讀者這就是受了封面標題吸引，掏腰包買週刊的。一九七三年，《明週》又逢新契機。是年七月，功夫巨星李小龍猝逝，消息傳出，轟動全球。《明週》藉此時機，再攀高峰。雷波立刻動用手上所有人力、物力，四處蒐集資料，訪問跟李小龍相熟的人士，再經得體剪裁，吸引了無數讀者。週日出版，不到一個上午已告售罄。再版發行，暢銷依舊。自此，《明報週刊》這四個字，長印讀者心頭，雄霸週刊界數十年而不衰。

工作過勞，雷坡累倒，健康漸衰，有傳患上TB骨[1]，隨時有丟命危險。雷

1 編按：指脊椎結核病。

坡熱愛工作，此時，也不能不低頭，聽勸飛往台灣榮民醫院檢查，接受治療，一去一年有多。舵手抱恙，編務交由女編輯戴振寰、鍾玲玲、劉小虞接手。三人訓練有素，鼎力合作，《明週》影響不大，銷路反然蒸蒸日上。未幾，雷坡健康恢復，重回崗位，卻改變了工作時序，通常一個星期只有兩天上班，時間盡挑在晚上。我問原因？雷坡說：「我一向喜歡晚上工作，那時比較靜，思想容易集中，有利構思。」雷坡病癒回來，整個人變了，以前，愛鬧愛玩，尤重吃喝，此刻則是靜如處子，脫兔早已消失無蹤。後來戴振寰離職，劉小虞變成雷太太，《明週》編輯部起了變動，李少瓊、鍾玲玲成哼哈二將，負責編務。這兩位小姐忠心盡責，雷坡可安心在家調養身體，平日只是用電話遙控指揮。我曾目睹李少瓊對住電話，一字一句地把原稿讀給雷坡聽，聽取指示。這種編輯方式，我看只有在金庸的《明報》機構才會有。我曾對人說過：「當編輯當到像雷坡那樣，真是無話可說；做作家做到金庸、倪匡，也真可說是史前無例了！」

金庸善待雷坡，在台灣榮民醫院養病期間，無暇兼顧《明週》，金庸為了讓雷坡有充分的休息和安心，每月人工照支。後來雷坡回來了，金庸懇求他再掌編輯部，同時為照顧他的健康，不在上班時間設限，另外還給他大幅度加薪。上海搭檔沈寶新不解，問金庸為何如此厚待彼。金庸笑眯眯回答：「老兄呀！你要曉

得雷坡兄是個難得的人才呀！」對人才金庸是絕不吝嗇的。（註：雷坡已於二〇一七年二月去世）

沙蟹幫

張徹

金庸工作餘暇，娛樂是：看書、打沙蟹[1]、嚐杭州菜和下圍棋。打沙蟹有所謂沙蟹幫，成員除金庸外，有倪匡，董千里，張徹、過來人和詹培忠。眾人組局，殺個天昏地暗，日月無光。張徹是鐵腳，不拍戲，必列席。彼喜抽雪茄，打沙蟹時，雪茄不斷，幸好眾人都是「老槍」，不以為意，否則必嗆個半死。過來人告我張徹的雪茄味濃，要兩根香菸叼在嘴裡，拚命外噴，才能頂得住菸味來

1 編按：指梭哈，撲克牌遊戲。

襲。張徹是名導演，又是金庸老朋友，兩人惺惺相識，張喜讀金曲折迂迴之小說；金欣賞張筆走龍蛇的書法，成莫逆交。七十年代末張徹陸續拍攝金庸名著，前後有《射鵰英雄傳》、《續集》、《三集》、《飛狐外傳》、《碧血劍》、《神鵰俠侶》和《俠客行》等多部，賣座俱不俗。我問張徹查先生的版權費是多少？笑道：「你猜？」怎個猜法？俺又不是你肚裡的蛔蟲。張徹體恤小子，用廣東話說：「佢好公平，無飛擒大咬。」[1]講慣國語的張徹，居然字正腔圓。此乃商業祕密，當不可亂說。話鋒一轉，我問：「導演！你拍查先生的電影，哪部最滿意？」張徹促狹：「部部滿意，部部喜歡。」說了等於沒說，怎收貨？死纏不放，張徹迫於無奈，嘆了口氣：「唉！你這個渾小子，《射鵰》吧！傅聲演郭靖，蠻好！」打沙蟹，不如拍電影，張徹贏面不大，湊興而已。七十年代，查家大宅每月必有牌局，興盛時一週一趟。八十年代後漸少，迨九十年代，星沉月落，銀河影失。九十年代我訪張徹於尖東「富豪」酒店咖啡室，耳聾背佝，蒼蒼白髮。問起金庸，答道：「多時不見。」

[1] 他十分公平，不會亂叫你。

過來人

唯一能成金庸對手的是海派作家過來人，本名蕭思樓。單看名字，閣下定以為是個文質彬彬的美男子。嘿！事實正好相反，其人身形矮胖，完全不像是一個作家。曾自嘲說：「我是一個老帳房呀！」倒非謙虛矯飾之辭。嫖賭飲蕩吹，過來人最精於賭，尤精沙蟹。一趟共樽前，我問金庸是否沙蟹高手？抬了抬眉：「是的是的，老鬼一個，不過我不比他差。只是賭不過俚！」怎麼回事？奇而問之。過來人搖搖頭：「小阿弟！你不懂打沙蟹，查老闆有的是鈔票，雞蛋哪能敲石頭，伊一showhand，我拿什麼跟他賭。」頓了一頓：「打沙蟹嘛，最要緊是心平氣和，要做到不動聲色，自家大牌，不可以亂加注，要慢慢叫，引君入彀，那個只有查老庸才做到啦！哪能和他賭，要輸死人哪！」那豈非很奸詐？過來人朗聲說：「賭錢不奸，為何要賭？開賭的奸不奸？」你講光了，我還有啥閒話可以說。有人好事，轉告金庸，一點都沒生氣，笑道：「奸奸白相相，上落又勿大。」宰相肚裡可撐船，金庸是也。

倪匡

如是說，沙蟹幫裡，金庸鶴立雞群，無人能制？那又未必，當有一人，便是搗蛋鬼倪匡。這般說，難道倪匡打沙蟹技勝金庸？非也！前面說過，兩人等級不同，有天地之分，既如此，又何能制得了金庸？刁鑽頑皮小倪匡自有妙計，他向不愛賭，因為怕輸，輸了肉痛。有一日沙蟹大敗，心痛如絞，於是耍無賴，嗚咽：「老查！下趟不要再叫我打沙蟹，叫我也不會來。」金庸問：「倪匡兄，啥事情不開心？」倪匡道：「再打下去，今個月的私己（私房錢）要輸光了！唉——」長長嘆一口氣，臉拉得比馬長，近乎哭泣的模樣兒，教金庸看得心酸，道：「賭銅鈿，贏了一定要拿，要嘛這樣，這部照相機你拿去。」一看，茶几上的照相機，「藝康」牌子，價值三四千，自己不過輸兩千，划得來！立刻拿上手，不住道：「謝謝查老闆，下趟一定要叫我，再打過！」金庸氣結。

詹培忠

曾獲世界百家樂大賽冠軍的「潮州怒漢」詹培忠，七十年代也是沙蟹幫的成

「百家樂之王」詹培忠（中）是金庸沙蟹幫成員之一，左為作者，右為導演吳思遠。

員之一。詹培忠對自己賭術，素來信心十足，征戰濠江、拉斯維加斯等賭場，勝多負少，曾一夜之間贏逾過億！轟動賭城。近日赴澳搏殺，贏得七百多萬，不勝欣羨，嗤之以鼻曰：「車！小兒科，沒什麼比不起！」金庸棲住渣甸山大宅時，曾參與沙蟹局，跟金庸面對面廝殺。我問金庸牌技若何？回說：「不錯，是高手，沉而穩，但有一點不如我。」我問是什麼？答道：「不夠我狠。」這是事實，潮州佬狠，江浙漢穩，高手對峙，勝負各半。後來詹培忠忙於股票投資，就再沒有去查家大宅。渣甸山時代，查太是朱玫，可漂亮？詹培忠少誇人，這回例外，豎起手指：「漂亮明麗，端莊賢惠！」朱玫孤寂死，可惜復可憐！

嬉笑怒罵簡而清

大抵沒什麼人知道簡而清（八哥）曾是金庸的二房東。金庸未發跡前，曾寄居堅尼地道簡家，房租要付，但不貴。聽說金庸的成名作《書劍恩仇錄》就是在簡家客廳餐檯上寫就的。一個是二房東，一個是三房客，因屋結緣，此緣一生。金庸辦《明報》，就請八哥賜稿，「雲、紫、貓」專欄，範圍繁雜廣衍，趣味盎然，讀者眾多，我也忝為其一。八哥博學閎肆，喜看雜書。其父簡琴齋是名書家，庋藏古籍多不勝數，卻不為彼喜歡，只愛洋書：《世界遊戲大全》、《爵士音樂全集》、《博彩指南》等等，看了不少，甚至對賽馬也下過一番功夫，這就讓他繼老吉、叔子之後，成為香港權威馬評家。喜歡賽馬，卻不賭、他的弟弟和官（簡而和）則不同矣，狠勁十足，注碼驚人，負多贏少，揹上一屁股債，每趟得由做哥哥的來揩擦。了無怨言，樂意為之：「誰教他是我的弟弟呢！」難怪金庸說：「一個這樣愛護弟弟的哥哥，世上真少有。」董千里不以為然：「以過度縱容，寵壞弟弟。」忠言不納，縱容如故，和官早逝，是八哥福分。

九段高手聶衛平

金庸迷圍棋，曾師從名家陳祖德。八十年代又拜年輕他二十多歲的九段高手聶衛平為師，並無兒嬉，而是行三跪九叩大禮，嚴肅認真，險些嚇壞聶衛平。老徒少師，成為棋壇佳話。金庸服膺聶平衛棋藝，第聶衛平傾倒金庸小說，「情投意合，相處甚歡。有個時期聶衛平住在查家山頂大宅，每夕對奕，棋藝大進。有人問「查先生棋藝如何？」身為師傅的聶衛平回答：「在文化界裡能跟金庸先生對奕的人並不多。」顯然是業餘中的拔尖高手。偏偏有人不服，要跟金庸交手。此人便是金庸老同事，另一位武俠小說名家梁羽生。金、梁都是新派武俠小說的始創者，金以《書劍恩仇錄》鳴於時，梁憑《龍虎鬥京華》得人氣。兩人由《新晚報》廝殺至澳洲雪梨梁家，無數會對奕，金庸稍占優勢。梁羽生對人說：

「沒辦法，阿查有名師指點，我是自學成才，能不落下風，已是萬幸。不過如果下象棋，阿查就得舉手投降。」此言非虛，梁羽生是香港象棋一流高手，棋藝跟棋王李志海不相伯仲，金庸哪是他對手！除此，金庸在報界還有一個圍棋老對手，便是散文大家聶紺弩。五十年代初，兩人就在新晚報報館擺局厮殺，殺得日月無光，並下賭注：誰輸就得請吃臘鴨。結果請的次數，金庸為多，因生後來拜師學藝之念。聶、梁二人已先後離世，棋壇欠對手，金庸能不寂寞？

武俠專家周清霖（還珠樓主專家）

金庸認識的內地文化界朋友不少，陳墨、嚴家炎、馮其庸和陳平原都是朋友，較談得來的則有前學林出版社編輯周清霖先生，曾於一九九六年二月五日拜訪金庸於其山頂道一號大宅，周老記其事云——「因羅孚先生引介，一九九六年一月二十九日晚於九龍京港酒店會見梁羽生先生後，又於二月五日下午到山頂道一號查府拜訪金庸先生。二時許先在大廳品嘗極品龍井，五分鐘後，先生下樓接見，互道寒暄，開始用上海話聊天一小時。周老記憶所及，聊天內容大致如下：

（一）與羅孚先生相識經過。羅先生居北京十年後期，我向其約稿，羅主編之《聶紺弩詩全編》由我任職的學林出版社出版。

（二）由金庸，馮其庸二位任名譽會長的中國武俠文學會於一九九四年一月二十八日成立後的活動情況——金庸、梁羽生於一九九五年三月榮獲學會舉辦的中華武俠小說創作大獎的金劍獎（終身成就獎）。

（三）暢談對民國各派武俠小說的閱讀印象，回憶還珠樓主《蜀山劍俠傳》系列精彩情節，如狐仙寶相夫人抗天劫、神駝乙休大鬧銅椰島等，批評還珠樓主屢次失信於讀者——多部重要作品未能完篇！稱讚台灣葉洪生編評《近代中國武俠小說名著》。

（四）暢談大陸出版新派武俠小說情況，如金庸《書劍恩仇錄》梁羽生《萍蹤俠影》一九八一年六月在廣州首次出版，古龍《蕭十一郎》一九八六年十月在哈爾濱首次出版；譴責大陸盜版新派武俠小說行徑。

（五）談《三劍樓隨筆》由學林出版社出大陸版事宜。

（六）談欣賞蘇州評彈，先生激賞范雪君、嚴雪亭、蔣月泉、張鑑庭。聊天後，與先生在小客廳留影，先生並題詞「暢談武俠一見如故。」然後慨贈簽名本《金庸作品集》三十六冊。問可有口吃？周清霖蘇白出，道：「喔唷！講得比我還要快哉！」一入寶山，滿載回，周老！真教小子欣羡不已。

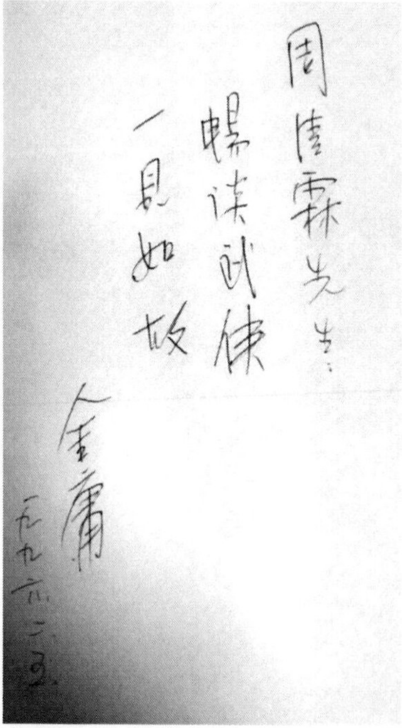

金庸題字「暢談武俠　一見如故」。

上海學林出版社編輯周清霖九十年代拜會金庸談武俠小說。

謙謙君子潘粵生

金庸門下有兩大弟子，是他自己認可的。其一是大弟子潘粵生（小潘），少年時便隨侍在側，直到《明報》易手，方躬身而退。謙謙君子，冠玉臉孔，鳳眼濃眉，帥男一名，加以風流儒雅，沖和厚道，易招女人慕。雖云心靜自持，禍事不多，可禍來避不過。有一回為一才女所糾纏，千方百計避之若浼仍不果。才女發狂奔上報館搜尋，可把小潘嚇得瑟縮發抖，徬徨無計。事為金庸所悉，也不加責罵，勸道：「此事得好好處理，別要影響到家庭啊！」小潘唯唯

金庸大弟子《明報》總編輯潘粵生，篤厚勤懇。

否否，漫應一聲。心想：天呀！我如何不知，可是大禍臨頭，如何拆解呀？查先生！心驚膽顫，卻又不好意思央代想法子，只好悶聲不響，不發一言。金庸心疼徒弟，度得暗渡陳倉一計，派小潘往南洋主持新報紙編務，暫離《明報》。此計得售，才女再三詣門，遍找不獲，只好罷手。小潘也就安車平八路，過了關。救我者惟恩師，查先生！感激不盡。

判斷力弱。」換言之把關「一級棒」，不期有突破。這一點絕比不上二弟子王世瑜（阿樂），靈活乖巧，鬼點子多。一九八六年金庸換掉《明報》總編輯潘粵生，改命王世瑜接任。許多人都不明所以然，金庸對石貝（《明報》編輯，專事核查文章內容以防逾矩）這樣說：「這位王（世瑜）先生很敢說話，他不像潘先生那樣怕得罪人，我要改革報紙，就是用他這樣的人。」只是小潘也有阿樂比不上的優點，擅寫小說，用「余過」筆名所撰，詭異描鬼的《四人夜話》，絕不亞於倪匡的衛斯理傳奇，太早輟筆，讀者損失。

佛學精湛沈九成

金庸朋友當中，沈九成不能不提，不大露臉，知者不多，惟金庸尊崇敬佩有加。何德何能，竟得另眼相看？原來沈九成是佛學名家，《內明》雜誌主編，一生潛心修佛，成就之宏，香港無人能及。金庸曾說過——「唯一能跟沈先生比儷的，怕只有中國內地的趙樸初居士了！」誰都知道趙樸初是佛學大家，譽滿文壇，書法尤為一絕。沈九成能與趙樸初並列，自不尋常。《內明》是月刊，流傳不廣，銷路平常，卻有不少名家助陣。時台大教授謝冰瑩女士常有鴻文在雜誌發表。我拜讀過女士寫的〈舍利子的幽靈〉，不禁感興起學佛念頭。湊巧有份資助《內明》的金庸來函叫我為《內明》譯稿，說：「小葉！你幫幫忙，沈九成是儂老阿哥！」既有稿費可賺，亦可親炙佛學，當樂意效勞。金、沈相與論佛，金庸得益深，晚年更近佛。

豪氣老闆黎智英

九六年香港《蘋果日報》創刊，老闆黎智英慕金庸大名，欲請寫稿，稿費任開，知道不易為，特延請倪匡，蔡瀾說項。倪匡一聽，按例三聲「哈哈笑」，擺擺手道：「別的事我倪老匡一力承擔，但請老查寫稿，我無此能耐。黎老闆！你另請高明！」高明者乃蔡瀾，亦鎩羽而歸。金庸禮貌地回說：「黎先生雄才大略，教人佩服。這個朋友值得交，吃吃飯是可以的，寫稿嘛——」不言而喻，不為所動。其實自創辦《明報》後，金庸已沒為別家刊物撰稿，別說一字千金，即一字萬金，金庸也不會心動。

小品專家蔡瀾

並非直接認識金庸，跟之結緣，全然是倪匡牽的線。蔡瀾離開「邵氏」後，立志要做作家，在銷量最大的《東方日報》寫專欄，仍不滿足，對《明報》獨具好感，想在副刊謀個地盤，商諸倪匡。倪匡說金庸這個人很怪，求他不行，要引彼上鉤，遂打個苦哈哈：「這個很難，你還是叫我請你吃飯比較容易。」蔡瀾不解，問其故。倪匡皺起眉頭說：「Sai San（倪匡通常愛用日語叫蔡瀾）！這個你可不知了，查良鏞呀！當他那《明報》是身家性命寶貝，尤其是副刊，一直以來都死抱著不放，你的同宗編輯蔡詩人炎培不過是個校對，沒有實權。你要寫《明報》副刊，真是難若登天呀！」潮州蔡瀾機靈，雙膝一軟，幾乎下跪：「上海倪大哥，你不幫我，普天下怕也沒有人幫得我了！」倪匡天不怕，地不怕，最怕人求，當下便說：「待我想想辦法，不過，你別太急。」接住想了一下：「期諸三月，必有所成！」倪匡沒撒謊，金庸素重副刊，曾說過：「副刊是一張報紙的靈魂，港聞和國際電訊大家都差不多，但是副刊做得出色的話，那張報紙就會與眾不同。」石貝告我金庸寫下「副刊五字真言，即：短、趣、近，物、圖。短：

人稱蔡校書的金庸御用小說校對獲頒長年服務獎。

文字應短，簡潔，不宜引經據典，不尚咬文嚼字。趣：新奇有趣，輕鬆活潑。近：時間之近，接近新聞，三十年前亦可用，三十年後亦可用者不歡迎。空間之近，地域上接近香港，文化上接近中國讀者。物：言之有物，講述一段故事，一件事務，令人讀之有所得。大得少得，均無不可；一無所得，未免差勁。圖：圖片、照片、漫畫，均圖片也；文字生動，有戲劇舞台感，亦廣義之圖。」《明報》中人都知道金庸對專欄作家的邀請，非常嚴格，一定要透過他自己，別人無權決定。因此《明報》副刊名家雲集，佳作如林，專欄品質之高，他

楊興安隨金庸多年，知之深，所著金庸評論，中肯公允。

報無可及。能擁有一個專欄，就是身分象徵。《明報》副刊人才輩出倪匡、亦舒、林燕妮、胡菊人、黃霑、司馬長風、江之南、張君默、「三徐」徐訏、徐速、徐復觀……粒粒皆星，璀璨輝煌，星光不滅。

某天，倪匡去見金庸，談好出版事宜後，金庸請吃飯，東南西北地扯了一番，便滿口稱讚蔡瀾文章寫得好。金庸聽著，一句話沒說。過了一個星期，這回挨到倪匡回請金庸吃飯，有意無意地又大讚蔡瀾。金庸忍不住問：「倪匡兄！蔡瀾是誰？」「哎喲！蔡瀾你也不認得，文章寫得這麼好的人，老查，你居然不認得，怎能說是做報紙的！」倪匡故意醜詆金庸：「快去買張《東方》看看吧！」過了三日，兩人又碰頭。金庸對倪匡說：「你說得對，寫得不錯，有多大年紀了？」「四十左右。」金庸稱讚：「難得難得！這麼年輕，文章就寫得這麼好。」倪匡接口：「還不止呢！」把蔡瀾能書擅畫一併告知金庸。「真是英雄出少年，什麼時候給我介紹一下！」金庸蠻有興趣。「他很忙，我替你約約看！」倪匡故意吊金庸我胃口。其實那時蔡瀾正閒得發慌。過了三天，倪匡對金庸說蔡瀾約好了。金庸盛裝赴會，一見蔡瀾，態度誠懇，出人意表，蔡瀾頓時不知所措。三人欣然就座，天南地北地談，至中席，金庸推推倪匡，輕聲道：「倪匡兄！我想請蔡先生替《明報》寫點東西，不知道蔡先生有沒有時間？」倪匡一聽，眉頭一皺，結結巴巴：「這個……這個……這個嘛——」金庸又推他一把。倪匡這才勉強說了。蔡瀾一聽，歡喜若狂，距求倪匡向金庸說項，前後才不過兩個星期。

金庸（第二排左二）當年與大公、文匯副刊同事合照。左排前一是劉芃如，第二排左三是陳凡（圖片由大公報朋友提供）。

金庸老同事兼最佳棋友梁羽生在撰寫武俠小說中。

有一段時期，蔡瀾、金庸往來頻密。金庸出門旅遊，蔡瀾多相伴在側，秤不離砣，砣不捨秤。倪匡嘗酸溜溜地說：「老查找我也少了！」後來金庸次子傳倜（八代弟子）拜蔡瀾為師學藝，金、蔡關係更深。蔡瀾在《明報》寫出名堂，成為名作家，後來從商經營飲食業，也有一番成就，只是近年不知怎的，少見兩人在一起了。

金庸朋友遍天下，當不止此數。這裡列舉的，只是平日往來較多或談得來者。有掛一漏萬者，尚希包涵。

第五章

誰是韋小寶？

金庸好酒卻不作鯨飲。

金庸小說要我挑三部最喜歡的，我當不猶豫，必然是《天龍八部》、《笑傲江湖》和《鹿鼎記》（排名不分次序）。此三部小說，乃金庸畢生創作精華，《天龍八部》，佛學湛深，寓意深刻；《笑傲江湖》，漂泊江湖，世途險惡；《鹿鼎記》，流氓變身，一反傳統，中國文壇罕見反諷傑作，可惜世人多著眼於書中尋寶藏、搜祕笈，追情愛，忽略了博大精深的含義。八〇年我重履日本，跟《讀賣新聞》的本池滋夫合譯漫畫家植田正志的《碰釘先生》（此書有中國版），過程異常愉快，出版這本漫畫集的「竹書房」老闆野口彌次郎，白髮紳士，泱泱大度，經營的雖是漫畫書籍，對中國傳統小說，極為喜好，尤重《三國演義》和《水滸傳》，聊起書中人物，不絕滔滔，如數家珍，道：「我最喜歡關公，義薄雲天，極像我國的戰國遊俠。」我不大同意，關公是精忠貫日月的名將，身上不帶一絲遊俠氣味，你一言我一語，爭論起來。本池打圓場：「管他什麼俠不俠，關公是值得我們景仰的，做人要重義。」此語非虛，本池對我，可謂情深意重，不獨翻譯費高，住的水道橋格蘭酒店也很舒適。野口三杯清酒下肚，逸興遄飛：「沈San！除了《三國演義》和《水滸傳》，你告訴我中國還有什麼值得一看的小說呢？」想也不想，就舉金庸那十五部武俠小說，因為有過七八年跟松本清張談論香港文壇的經驗，遂照辦煮碗，重述一遍。當然主角已易為金庸，不涉其他。本池是認識金庸的，七五年在香港，參加過《明報》主辦的「中日霸權」講座，跟金庸碰過面，事後還談過一段頗長的時間。一聽我提金庸，立即嚷起來：「對對對！金庸先生，地位相等於我國的吉川英治和司馬遼太郎。」野口一聽，發了一下獃，思忖：「司馬、吉川在日本文壇，

李志清所繪畫的《鹿鼎記》中的康熙。

炙手可熱，跟松本清張並為國寶呀！說金庸一如吉川英治、司馬遼太郎，那還了得？」有點不大相信，說著日式國語：「真能有那麼厲害的？」廢話不多說，我一口氣述說了金庸小說的特點：精練、博大、意深。聽完，野口道：「那我可得要好好的看看了！沈Sama，可有譯本嗎？」一聽，噤聲，哪有譯本？昔前相浦杲教授本欲翻譯，條件談不攏，事情束之高閣，此乃我畢生憾事！我感慨地說出原委，野口、本池異口同聲地說：「呀！真可惜呀！」本池學過中文，原著看過一點，當下繪聲繪影地述說《笑傲江湖》的若干情節，提到令狐沖的行徑，野口道：「對對對，那就是遊俠！」這回我反對不來矣。野口喝口清酒：「可惜可惜，這麼精采的小說，翻不成日文，真是我國讀者的一大損失。」靈機一觸，「打蛇隨棍上」：「野口社長，貴社能否擔起這個任務呢？」野口瞧著本池，似在等待他的意見。本池噴口菸：「我想是可行的，但是金庸先生的小說一般都寫得很長，難於翻譯，依我看，還是先翻短篇的——」未及說完，我插話：「翻譯《雪山飛狐》呀！」本池連連點頭：「對對對！《雪山飛狐》篇幅不長，懸疑莫測，武俠、推理集於一身，最合我國讀者口味。」三人各自表述，談興更濃，到夕陽西下，華燈初上，三人急不及待地要把書做出來。人們說中國人三分鐘熱度，日本人稍勝，依我看也不過是五分鐘而已。說了大半天，再沒後續。什麼原故？本池後來告訴我，「竹書房」出了人事變動，野口無法全權控制董事局，金庸日譯，第二度遭遇滑鐵盧，何其不幸也。本池最愛令狐沖，我鍾情韋小寶，從不諱言韋小寶是偶像。《鹿鼎記》，金庸封筆之巨作。七十年代初，我初遇金庸於於仁行「翠園酒家」，其時韋小寶已偕他七位漂亮老婆遠渡神龍島享福去了。我悄悄問金庸：「《鹿鼎記》會有續集嗎？」金庸瞇著小眼睛，閃著精光：「大概不會了！」他告訴我正籌劃撰寫歷史小說《袁崇煥傳》，聽了，嘴裡恭喜，心裡暗咒，開啥玩笑？袁崇煥哪及得上咱們的韋小寶！好的小說，讀者總不想它有完結時。日本朋友振興會的小島末夫駐港時，好奇地詢問與我：「查先生乍看是一個木訥的人，為什麼會把韋小寶寫得如許滑頭刁鑽？」那時，認識金庸不深，不曉如何回答，此際明瞭矣，欲相告，小島蹤影早渺。木訥是金庸的外表，反叛是金庸的內心、蠱惑得緊哪！（註：不信？可找《金庸傳》一書細看，根本是一個跟老師鬥嘴，視逃學為樂的頑皮學生呢！）這種性格的人怎會寫不出靈巧活樂的韋小寶呢！金庸本身就是韋小寶的一部分嘛！說來你大抵不會相信，韋小寶實有其人，這個人如今仍存活著，快樂逍遙，卻不在神龍島，而在遠處的楓葉國。誰呀？諸君，不要急嘛——柳蔭樹下，搬張凳子，沏壺好茶且聽在下慢慢道來！

六七年，香港發生一起動亂，港英跟左派愛國人士相互對峙，你不退，我不讓，社會天天有暴力事件發生。左派為表達對港英的不滿，矢死相拼，你用新型手槍，我用土製炸彈，雙方互有傷亡。在這樣的日子裡，我為著賺外快，透過《香港時報》社長陳錫餘（錫公）的引薦，從鰂魚涌老家跑到老遠的西營盤《新報》去當臨時校對。每日晚上七點半上班，十點半下班，那時走路可真要萬分當心，腳下貪快，分分秒秒踏著炸彈，「砰膨」一聲，一命嗚呼，直奔黃泉。雖然左派有不欲誤傷同胞之心，炸彈上貼著警告——「小心炸彈」，可冒失莽撞之徒，不時自投羅網。我小心翼翼，東張西望，繞路而行，避開炸彈，天佑小子，從未遇上一枚。我的同事可沒我那麼幸運，一回趕路，誤觸地雷，可幸爆炸威力不大，只傷皮肌，塗上紅藥水，得保平安。才上了兩天班，老總羅輯著我提早在五點上班，記者不足，要我代接「報料」電話，扛住編採部。人在屋簷下，焉能不低頭？於是一份薪水，兩份職責。某日下午，因有大新聞，提早四點上班，編輯部裡，看到有一個男人正伏案工作，韶秀溫文，微帶英氣。我走進來，略抬頭一瞧，手上鋼筆不停揮，看樣子正在趕稿。我的座位恰恰在他斜對面，電話不響，無事可做，就索性定定地打量那個男人。真忙透呵！才寫一會兒，電話忽響，拿起聽，不住應著：「是是是！好好！你等一下！我立刻記下——」伸手撕下一頁紙：「好！你講！」接著筆走龍蛇，颼颼記下。寫得還真快呀！掛上電話，按檯上銅鈴，字房工友急奔進來，男人邊寫邊道：「快點拿去，題記得用大黑體。」諾了一聲，領命而去。才寫了一會兒，一個身材矮小，唇上留髭的漢子，揹著照相機匆匆闖進門：「老總！老總！拍了幾張照片，拍到左仔同警察開片（打鬥）！」話未說完，那男人揚手道：「快去沖，要排版啦！」那漢子當是一名記者。那時我對報館工作極感興趣，常作遐想有日成為編輯，目睹那男人的幹勁沖天，十分敬佩，有攀談之心，沒搭訕之膽。後來問同事，方知那男人姓王名世瑜，是《新夜報》的總編輯。《新夜報》？呀！真是如雷貫耳，其時我日看三報：《明報》、《星島晚報》、《新夜報》。《明報》高檔、《星晚》有趣、惟《新夜》色情，更合我這個血氣方剛的不良少年。聽得對面那個男人正是《新夜報》總編輯，不由多了幾分敬意，同時也自豪起來：喲！《新夜報》老總正是在下同事哪！

《新夜報》的出版時間在《成報》之後，卻又在《星晚》之前，正是那騰出的兩個小時，造就了它的銷量。不說不知道，《新夜報》的銷量，已迫近十萬。僅二張紙銷十萬，淨賺紙錢已是不得了，何況還有印度神油，酒家，餐廳等廣告，老闆羅斌盆滿缽滿，王世瑜也是豬籠入水，團團成為小富翁。好事的同事告訴我，王世瑜原是《明報》重臣，《華人夜報》老總，因不為老闆娘查太（朱玫）所喜，被迫離開《明報》。羅斌愛才，禮賢下士，邀之加盟，參照《華人夜報》式樣，開創《新夜報》，大膽奔放，報導傳神，王世瑜坐鎮編輯部，編、寫、採集於一身。那個唇上留髭的記者名叫阿倫方，筆名〇〇八。喲！比詹姆斯龐德〇〇七多一個號碼，難道真是詹姆斯龐德的師弟？聽同事說，原來銷量近十萬的《新夜報》整個編輯部就只有兩名編輯人員，即王、方兩人是也，別無其他幫手。我一聽立時跳起來，兩個人扛起一張報紙，全港獨有呀！同事笑笑說：「王先生好厲害，他寫的嚤囉經，渲染性知識，吸引萬千讀者，還有用袁鐵虎筆名寫成的武林專欄，更是膾炙人口。曾有某門派掌門不服其說法，送上戰書要求袁師傅出來切磋比劃。」「那麼有應戰嗎？」我好奇地問。同事笑翻天：「應個屁，便推說袁師傅遊歷四海，不在香港來搪塞。」這回挨到我失笑了。哈！這個王世瑜真機靈過人！同事又說：「對呀！上海人嘛，油嘴滑頭！」難怪王世瑜講廣東話，總覺得不大對耳，原來是上海人（山東漢子、上海長大），阿拉同鄉。羅斌本身是小廣東，同鄉三分親，難怪重用他。在《新報》做了一個多月，學校開課，只好請辭。說也奇怪，雖然朝夕相晤，無言語之談。七五年，我為《新報》寫稿，王世瑜亦自加國鳥倦知還，重回《明報》工作。《明報月刊》編輯黃俊東兄對我說：「查先生跟查太（朱玫）一離了婚，阿樂（王世瑜）立即回巢，查先生捨不得他！」聽了有點兒奇怪，為什麼會捨不得？黃俊東是老實人，可偶然也會耍滑頭：「西城！你請我到對面吉祥喝下午茶，我就說與你知道。」要聽故事需破鈔，口袋五十大圓、只好泡湯！

俊東兄一杯咖啡在手，素不善言辭的他，變得伶牙俐齒，他說得過癮，我聽得入神，為免累贅，摘要如下——原來王世瑜因寫「樂在其中」專欄，改名阿樂，少年時代已加入《明報》，初當Messenger（即信差）兼編輯助理，實話實講，就是幫閒。聰慧乖巧，懂上海話，便於跟海寧金庸靠近，加以口舌便給，做事快捷，金庸給他哄得暈陀陀。冷眼旁觀，發覺這個黃毛小子很有點小聰明，活絡剔透，於是有心提拔，兩三個月下來，已升為編輯。時來風送藤王閣，阿樂邁向青雲路。到了後來，金庸索性讓阿樂動手來搞一張新報紙，便是《華人夜報》。原來六十年代，香港除日報外還有晚報，銷量不遜日報，尤以《星島晚報》已成為名人精神食糧。金庸眼見《明報》已上軌道，就想搶晚報市場，見阿樂鬼點子多，就交他去辦。阿樂一聲得令，立即籌辦，手腳快，不到兩個月，《華人夜報》昂然出版，內容重情色，報導走偏鋒，標題聳人，內幕爆炸，正合男性讀者胃口，銷路開啓，直接威脅傳統小報《紅綠日報》、《越華報》和《超然報》。金庸老懷告慰，自忖：「我沒看錯格個小鬼，有本事！」可關公也有對頭人，阿樂的對頭人正是查良鏞枕邊人查夫人是也。查太以《明報》乃正宗大報，四海揚名，旗下焉能有邪報之存在？勸金庸立即改革《華人夜報》並開除阿樂。金庸、阿樂一個襪筒管出來，秤連砣，砣黏秤，怎可分割？只好虛以委蛇。查太性烈，眼中安能揉沙子？誓要剷除阿樂方休。聽到這裡，心中疙瘩，問道：「俊東兄，查太難道真是為了一張報紙要找阿樂碴子？」「哈哈！上海仔真精靈，內裡乾坤，哪有如斯簡單——」一頓，默言，舉起一隻手指——火腿三明治，如何？OK！老實俊東即往下說：「不滿阿樂把《華人夜報》搞得太色情，只是明面上的理由，暗底裡是查太懷疑阿樂帶壞查先生！」天呀！我沒聽錯吧，查先生大阿樂十多年，吃鹽要比阿樂吃飯多，阿樂如何能教壞他？（及年長、方知女人心海底針，想法有異於男人。）俊東道：「小子！你這就不明白了，阿樂在查太眼裡是個小混混一名，能在短期間彈起來，非持真材實料，而是靠一套吹捧拍的馬屁功夫，將老查哄得服服貼貼，從中揩油！」哈哈！原來竟是女人心眼，搞砸阿樂飯碗。查太逼得緊，查先生只好揮淚斬馬謖，阿樂含怨離開了《明報》。

此處不留人，自有留人處，天下之大，何處無棲身。阿樂蟬曳殘聲過《新報》，歸附羅斌麾下，創《新晚報》，以子之矛，攻子之盾，大挫《華人夜

韋小寶原形之一阿樂（王世瑜）與吳思遠導演相交逾四十年。

報》。阿樂年少氣盛，遷怒金庸，特意在《新夜報》開闢專欄連載新創名篇〈射雞英雄傳〉，狠刺金庸，大事撻伐，讀者興動，日日追看，拍腫手掌。阿樂在《新夜報》得意萬分，財源廣進。惟是淺水難困蛟龍，遂有外騖之心。阿樂積聚過往經驗，另闢蹊徑，自行創業，辦《今夜報》，集《華人夜報》、《新夜報》之大成，氣勢更盛。八〇年，台灣傳朝樞先生來港辦中報，撬走《明報月刊》老總胡菊人，先在陽明山莊開酒會，我往參加，巧遇阿樂。其時已為《明報》中人。我覺奇怪，覆水難重收啊！阿樂笑笑說：「查先生要我回去，我能不回去嗎？」我問查先生不生氣？阿樂佻皮地搖搖頭。「你寫〈射雞英雄傳〉罵他，查先生不記恨？」我故意這樣問，看他如何回答？好一個阿樂，又搖搖頭：「哪會呀！查先生看了，哈哈笑，誇我寫得好！」天呵！查先生氣量海樣深。

阿樂乃報壇奇才，《新夜報》一紙風行，七二年創辦的《今夜報》更是後來居上，穩占小報銷量之冠。隨後，阿樂欲移民，出售於人，做價七百萬，當年是天文數字，阿樂用之在美、加買房子，儼如小富豪。問阿樂為什麼要移民？香港乃天堂，何以忍心捨棄？阿樂道：「我這個人喜歡駕車，車是第一，老婆第二（現是女兒第二，老婆不幸退居第三），香港路窄，局限時速，跑車飛不來；美、加大不同，路長且闊，正好滿足我的駕車樂趣。」人家移民是安居，他卻圖飛車冒險。阿樂本身便是冒險家，難怪《華人夜報》、《新晚報》、《今夜報》都能創高峰。曾跟阿樂樽前聊起金庸，他說：「查先生聰明、記性好，過目不忘，只是為人較多疑，不太容易相信人。」我促狹：「那他相不相信你？」阿樂抬抬眉：「我不好說，一半信任總是有的吧！」於是我想起查太林樂怡女士的一番話——「結婚這麼多年，有時候我也不知道查先生心裡到底在想什麼？」阿樂搔搔頭：「查先生好眨眼，一眨，主意就來了！」這點正好跟我的舊老闆羅斌相彷彿，闔上兩眼休息，忽地睜開，就有計較！一流人物，皆有異於常人的特點。查先生一生人很少錯看人，卻錯了兩趟，阿樂萬分惋惜。那兩趟呢？一趟是放走林山木，另一趟是賣《明報》於于品海。先說第一樁事，林山木本是《明報》資料室的編輯，做事勤快，聰穎黠智，很得金庸賞識，後來林山木去劍橋大學攻讀經濟，學成歸來，協辦《明報晚報》。當年財經報紙不多，《明晚》有了一定的銷量，金庸滿心歡喜。林山木憑藉《明晚》，廣結人緣，在財經界嶄露頭角，有了異心，想往外闖，暗中拉攏《明報》中人另起爐灶。事為中國版編輯毛國昆知悉，忠肝義膽，上書金庸陳述。好個金庸把林山木叫到社長室，將毛國昆的信函給林山木看，欲以恢宏大度挽林山木之離心，豈料去意已堅，夥同羅治平等人另辦《信報》。《信報》初時賠本，了無起色，羅志平等心淡，萌去意，退股，林山木，駱友梅夫婦擔起剩下股份，胼手胝足，終給他們殺出一條血路，《信報》靠林行止一管如椽大筆，加上分析透辟的曹仁超財經專欄，越過《明晚》成為香港第一財經大報。阿樂說：「如果當年我不離開《明報》，絕不可能發生這樣的事。」一念之仁，造就了另一位傳奇報壇鉅子。

第二樁事，便是賣《明報》於于品海。阿樂頓足捶胸大喊：「這是一個極其——極其錯誤的決定！」九一年于品海借機靠近金庸，婉言巧語，博取好感；到九三年，倆人交往漸密，終於獲得金庸的徹底信任，品海藉此收購一役，名揚報壇，如今已是中國傳媒大亨之一。際遇人人不同，于品海可稱幸運兒。《明報》出售後，金庸仍保董事一職，陶傑受知於金庸，英國歸後入《明報》編副刊，以人事有變，了無依傍，向金庸請教副刊方針何如？金庸答以「不變應萬變，一切從舊。」那就是副刊文章要短小精幹、言之有物和有趣味，既得上諭，心中一寬，蕭規曹隨可矣。編輯會議召開，新人事新作風，全然推翻副刊既定編輯方針。陶傑人微言輕，不好多說，也不敢知會金庸，心裡發急。某日金庸興致勃勃地跑來開董事會，一到會議室門口，卻遭擋駕，有人對他說：「查先生，奉上層命，今天你不用開會了，請回吧！」金庸一怔，繼而氣得雙手發抖。闖蕩江湖歷有年所，何曾受此大辱？回家好幾晚沒好睡，曾經想過東山復起，辦一張新報紙與諸鬥。此時此際想起阿樂來了！一通電話打去楓葉國要阿樂立馬班師回朝：「世瑜兄，你回轉來得我辦一張報紙，好勿？」阿樂義不容辭：「只要查先生要辦，阿樂我立刻滾轉來！」願放棄加國一切，衝上戰場。為何後又不成事呢？阿樂喝紅酒，吁口氣：「查太反對，勸一把年紀，要息事寧人，辦報嘛，殫精竭慮，你可有這種魄力和精神嗎？」金庸啞住。九三年金庸已近古稀之年，體魄差了，勉強應戰，勝固可喜，敗則英明盡失，千年道行一朝喪，值不？金庸經過一番考慮，接納愛妻美意，放棄鏖戰報壇。《明報》落入于品海手，業務不開，不得已轉售馬來亞木業大王張曉卿，縱然投下龐大物資，亦無復當年之勇。阿樂無比慨嘆說：「辦報最重人才，當年我們佩服查先生，他一句號令，我們前仆後繼，毫無怨言，《明報》薪水、稿費都不如其他報紙，可咱們從不計較，以工作於查先生麾下與有榮焉。」正是這份光榮感，《明報》中人都樂意為金庸效勞，試問如今有哪張報紙的老闆能有此感染力呢？阿樂跟隨金庸幾十年，即移民加國，關係不斷，每年十一月，例必回港往訪老人，視金庸為義父，而金庸也一直當阿樂為義子，倆人倚座對話，相傾肝鬲、無所不談。人人說金庸節儉，惟對阿樂，出奇地大方——「查先生對我是好得不得了，有一趟我到他屋裡相吹牛皮，他一手拉我走進書房間，打開一個抽屜，我一看，要死快哉，裡面全是名錶：奧米茄、勞力士、百達翡麗、江詩丹頓……看得我呀，眼睛都花脫！他指了一指：『世瑜兄，你隨便揀一隻看看！』我不敢亂來，他隨手拏起一隻金勞力士塞到我手上講：這隻跟你很搭！」遠不止此，且聽阿樂講：「我在《明報》收入非常好，除了薪水，《明報》、《明晚》、《明月》、《明週》，我都有錢分，另外每年還有分紅。」嘩！羨慕死人！重回《明報》後，阿樂意氣風發，一個人擁名車四輛，停在南康大廈停車場，而大老闆金庸，我的媽呀！僅有座駕「保時捷」一台。伴君如伴虎，與金庸共事，可有頭痛？阿樂笑說：「沈西城，我伴的是人不是老虎呀！」相視大笑。金庸辦《明報》，重視內容，注重銷路，故常與阿樂開會。與會者阿樂以外，尚有董千里和倪匡，董千里是金庸十分敬佩的人，常誇他文筆好，以金庸之才，能誇其人，份量可知。四個人窩在金庸家裡，傾談通宵。金庸好菸，嗜酒，度橋時，香菸一根接一根，常聊至天明，常人視之為苦，阿樂目之為樂，因為他叫阿樂。「幾十年了，我已成為金庸肚皮裡的蛔蟲。」阿樂憶述往事，有苦也有甜。

人人皆知道金庸身邊有兩個弟子，大弟子姓潘名粵生，好好先生一名，只是性格稍微懦弱，大事不好辦；二弟子便是阿樂，鬼靈精，點子多，懂承色，最得金庸歡心。我問阿樂：「阿哥可是金庸心中的韋小寶？」大笑不停，既不承認也不否認。我每看《鹿鼎記》，看到康熙跟韋小寶單獨相處聊天，總想起金庸與阿樂，兩人水火並濟，外聖內王。金庸構思韋小寶這個角色時，潛意識裡，或多或少會想到身邊的阿樂，並以之入文，塑造出一個跟魯迅筆下《阿Q正傳》裡的阿Q並肩的經典人物——韋小寶。韋小寶去了神龍島，康熙夢牽魂縈，阿樂赴加，金庸思念不已。近日阿樂回港探金庸，耄耋之年，已難辨人，卻仍認得阿樂，情同父子，此言非虛。也有人以倪匡為韋小寶的創作原型，其言亦有理。個人愚見，金庸大抵視倪匡為老朋友，兩者間欠缺心連心，意接意，深似海洋的情義。在創作韋小寶一角時，興許會想起好動、佻皮的倪匡，以小部分性格入文，整體上實難跟追隨逾五十年的阿樂相比，跟金庸甘苦與共，苦是甜，甜是樂。六七年香港動亂，金庸愛港，在「社評」裡寫了一些批評左派的話，引起示威人士不滿，聲言要教訓金庸，碰巧香港商業電台的播音皇帝林彬遇害，金庸危在旦夕，只好避地新加坡，阿樂留守報館。某日示威人士，群情洶湧衝上《明報》報館，聲言找金庸晦氣。阿樂憶其事云——「我帶頭跟幾個身形魅梧同事用身體擋在門口，不讓他們衝進來。你推我頂的，形勢兇險萬分。」可幸阿樂曾習武於李劍琴師傅，總算擋了過去。表面上阿樂活樂討巧，暗底裡卻有義薄雲天的一面，這跟《鹿鼎記》裡的韋小寶正復相同，你怎能不相信他便是金庸心中的韋小寶哩！

石貝有一篇文章述說金庸的多變性格，早年金庸辦報有他正義立場——「『我辨《明報》時，《明報週刊》登了香港小姐何秀汶的情書，我找編輯（雷坡）來罵，說是人家的私隱、不能登。如果傳媒只為賺錢，倒不如開個舞廳，妓院賺得更多。那時人家買《明報》，便是因為他不鹹濕，不下流，不侵犯私隱。如果其他報紙也不鹹濕，不下流，不侵犯私隱，《明報》還有什麼特色，人家為什麼還要買你？』一席話說得正氣凜然，理直氣壯，卻令我想起八六年的時候，查老闆因《明報》跌紙，費盡心機改革《明報》，還創出了星期天推出一名性感女郎的彩頁，精心地將本來以知識分子的報紙面目出現的《明報》，用性感妖艷打扮一番以後，躋身於香港大眾報紙之中，所有一切，為的就是增加銷路，說白了就是為賺錢。」態度前後不同，正好說明金庸兼具正、邪性格，遇不同環境，便以可行的手法處之，聰敏靈活，化難於無形。難怪石貝要說金庸「恢復了韋小寶之身」。嘿！原來金庸才是真正的韋小寶哪！

金庸與韋小寶原型之二倪匡乃忘年交，常相互調笑，戲弄對方。

第六章

言休後光芒璀璨

哈佛學者傅楠訪問金庸，陶傑從旁協助。

一九七二年《鹿鼎記》在《明報》連載畢，書迷都失落哀傷（內裡包括了我），如喪考妣。當我看到書末「全書完」的三個黑體大字，沮喪、絕望，一擁而上。早聽文化界有人傳言：《鹿鼎記》是金庸的「收山」之作。天哪！武俠小說之王擱筆，咱們武俠迷還有啥看？還有梁羽生、古龍呀！卻是鴉片跟白粉之分，不頂癮！身邊有朋友去信《明報》，聲淚俱下，要求查先生撰寫新的武俠小說。信去多日，仍不得要領。書迷不死心，進言懇請體諒書迷心意，休息一段日子，再度執筆。金庸並沒有明確決定，日子一遠，我們知道，希望最後會是絕望，這終將成為不變的事實。《鹿鼎記》是金庸擱筆力作，歷史小說《成吉思汗》作者董千里是金庸諍友，「項莊舞劍」膾炙報壇，曾撰文為《鹿鼎記》下判語──「這是一部罕見的反英雄小說。」九十年代末，廣為評家引用，以此品評此書，只是改英雄為「武俠」而已。我覺得有點不是味兒，英雄可反，武俠怎反？對不？金庸打五六年寫處女作《書劍恩仇錄》起，到七二年《鹿鼎記》輟筆，時空橫亙十六年，十六年間，寫書十五部，平均一年多一部，創作力之旺盛，當世無人能及。要知除《越女劍》、《白馬嘯西風》、《鴛鴦刀》外，其餘的都是大部頭小說，套句日本文壇術語，就是「大河小說」，粗略計之，都超過一、二百萬字，情節離奇曲折，神祕莫測；人物複雜多變，教人目眩；結構恢宏磅礴，有條不紊，以個人之力，竟能臻此，難怪倪匡擲筆三嘆：「古今中外，空前絕後」，你以為是美言讚語，俟看過金庸所有小說後，可能還嫌倪匡誇得不夠實在地道呢！依個人愚見，更簡潔直接，金庸小說大可以三字言之，便是三隻大拇指──「棒棒棒」，這即概括了一切讚語。

金庸擱筆後，何以遣有生之涯？除主政《明報》事務，抽空修改舊作，不同於他的老朋友倪匡，作品出門翻臉不認，永不修改。有個不知情的作家，生好心，勸倪匡仿效金庸修改一下衛斯理全集，有望更暢銷。你猜倪匡怎說？先擠個彌勒佛似的模樣兒，隨後三聲「哈哈哈」：「改什麼！修改有個屁用？原汁原味多好。」因而北極熊弄錯了，由他去，甚或辯說：「錯了又怎樣，讀者還不是由頭到尾照看！哈哈哈」真給他氣炸肺。金庸大不同，高度重視自己的作品，視為親生兒，常思如何將之完美化，於是花上八年（一九八〇至八八年），將十五部小說重新修改一通。金庸武俠小說前後共歷三個版本，舊版（鄺拾記、偉青書店），新版（明河社）和新修訂版（明河社）。一九五五至七二年是舊版（鄺拾記一週版，全書成後，交偉青書店再出版）、新版冠名《金庸作品集》（明河社）。九九年起，金庸重新修訂本則為新修訂版，迄今已完成整個工程。金庸小說，冠絕古今，捧場人多，喝倒采者少，可關羽也有對頭人，這便是存心標奇立異的內地文人王朔，九九年在《中國青年報》為文詈罵：「第一次讀金庸的書，書名字還真給忘了，很厚的一本，讀了一天實在讀不下去，不到一半擱下了。那些故事和人物，今天我也想不起來了，只留下一個印象，情節重複，行文囉嗦，永遠是見面就打架，一句話能說清楚的偏不說清楚，而且誰也幹不掉誰，一到要出人命的時候，就從天上掉下來一個救星，全部人物都有一些胡亂的深仇大恨，整個故事情節就靠這個推動著。這有什麼新鮮的？中國那些舊小說，不論是演義還是色情，都是這個路數，說到底就是個因果報應。初讀金庸是一次很糟糕的體驗，開始懷疑起那些原本覺得挺高挺有腦的朋友的眼光，這要是好東西，只能說他們是眼睛瞎了。」嘿！依我說，是王朔吃不到葡萄酸溜溜。說金庸行文囉嗦，真是不知何所云耳，明眼讀者都知金庸用筆凝練簡潔，文字有韻，實非一般武俠作家所可及。至於傳統路數棄用，哪你還能用啥？太陽底下無新事唄？路數可舊，寫法創新，可矣！王朔此評，幾無人同意。瞎掉眼睛的正是王朔而非一般讀者，如斯指鹿為馬，混淆黑白，也只能說是文人相輕。王朔還指「金庸虛構一群中國人，於某種程度代替了中國人的真實形象」，更是天大笑話。這樣混帳的文章，敢稱評論，能不笑掉人大牙？小說人物大都虛構，即使盛行於日本的私小說，說的是個人私事，也非全部真實，說真的，小說根本便屬杜撰嘛。王朔胡言妄語，惹來非議，長河漸落曉星沉，迅即無人理會。不過批評也非獨言堂，有始作俑者，必有後繼焉。寫《香港小說史》的袁良駿，也來湊興軋一腳，數說金庸武俠小說的不足處，順道搬出傳統的道學思想，以老氣橫秋的態度對待創作小說。引申下去，就是「脫離現實生活，仍然是不吃人間煙火」，他要求金庸寫「真正的、嚴肅的歷史小說」。《明報月刊》總編輯潘耀明先生挺身而出以利劍刺之曰：「其（指袁氏）衡量文學作品的標準還是中國開放前的一花獨放的表現手法——現實主義。對於像袁良駿這樣的一個知名學者，似乎有點抱殘守缺了。」說得客氣，露骨一點，就是冬烘。武俠小說不真實，有幻想，有啥出奇？還珠樓主的《蜀山劍俠傳》，天馬行空，玄幻空靈，人人稱妙，嚴肅文學，自來便只是小圈子的玩意，難怪潘耀明要不客氣地說「抱殘守缺了。」說到批評金庸武俠小說，還是台灣葉洪生中肯，有肯定，也有指出其不足之處，堅持採取實事求是的態度，中、港，台在批評文學上還是有分野的。眾家評金庸，我獨喜香港楊興安博士（前金庸、李嘉誠中文祕書，著有《金庸小說十談》一書）的分析，其文云——「金庸小說的爭論受到責難和攻擊，實在由於譽之極致，謗必隨之而生。北京王一川編文學史把金庸編為當今四大文學家之一，文壇「攻金」波濤立即湧至，絕不難解釋。其實金庸小說並非不可責難，也非盡善盡美無瑕可擊，但嚴苛的抨擊一定要有令人信服的道理。」這正好給與王朔之流當頭一棒；又云——「筆者認為好小說有四個基本元素。第一是文字暢順，為讀者帶來閱讀時的暢快；其次是內容能拓展視野帶領讀者到一個可以求知探究的境界；第三是有美感的美術及可以藉此宣洩感情；最後能啟迪讀者的思考，讀完小說，仍不忍釋卷，悠悠深思，甚而引起爭辯。光能做到前三者已是一部好小說，卻已不多見。而金庸小說惹來的不斷探討，顯然便連第四點也辦到了！」日夕親炙金庸，知之殊深，一針見血，非常人所可及。金庸很在乎別人對他的小說的批評，正確中肯的，開顏一笑，甘之如飴，若抨擊有胡言亂語的，便耿耿於懷，大為不快。絕非小氣，面對王朔、袁良駿那樣不著邊際近乎挑剔的指責，金庸雖研佛學，並非六根清淨的高僧，生氣自是理所當然。

金庸勤力，為求完美，耗費心血，殫精竭慮修訂小說，新版和最新版陸續面世，卻非人人歡迎，老頑童倪匡就認為舊版比新版好。也有人為文指出新舊版本的差異，表達喜惡，不妨列舉一二。二〇〇二年修訂《書劍恩仇錄》，增補一章，約五千字，從陳家洛口中引出金庸對人生、情愛、民族的種種深刻思索，為《書劍》一書，增添智慧光芒；新版《天龍八部》金庸作出重重修改，尤以王語嫣的修改最大。王語嫣痴迷青春不老，終使段譽擺脫對王語嫣的「心魔」，結局全盤推翻。不少讀者著迷段譽「痴情」，對這個修改並不滿意；修訂《射鵰英雄傳》，金庸用力至深，將「東邪」黃藥師的性格作了重大修改，眷戀弟子梅超風，自詡是最滿意的改動，卻引來讀者正、反兩論，兩派勢均力敵，爭持不下……歸根結柢，有人拍手讚賞，新版添采，也有心存隙疑，新不如舊，倪匡屬後一派——「我總覺得出門不認貨是對的，舊日的文字，載著舊日的風景，是當時的一種記憶，改了反不美。」不要以為倪匡懶惰推搪，說的著實有點兒道理。

豬怕肥壯，人怕出名，金庸七十年代已名播華人世界，隨即引起台灣的注意，金庸武俠小說因其《大公報》背景，在台長期被禁，惟滾滾金潮不可擋，台灣讀者早已偷偷看，偷偷翻，管你禁不禁！早於上世紀六十年代末就盛傳金庸訪台，受長期監視的哲學家殷海光先生曾致書司馬長風，透露有人作出活動，向領導推薦金庸。金庸本也有意到台灣一看，一拍即合。七三年兩岸關係敏感，為避嫌疑，宣稱以普通記者身分訪台。到台灣觀光，跟高層見面，一向是金庸的心願，他是大統一的支持者，認為兩岸和談，有利人民。對蔣經國先生印象一向不錯，蔣經國先生不帶侍衛，路邊吃茶葉蛋，深入民間的故事打動了他，這體驗出蔣經國要比他父親蔣介石親民。金庸初晤蔣經國，道出個人看法——「他是浙江人，我不把他看成是政治家，他一開口講話，我就覺得是同鄉。」他倆說的是上海話，哪會不親切？沒了隔閡，金庸索性把肚皮裡的話抖了出來——「聽說台灣的軍事、政治、經濟、社會各方面事無鉅細，都要由蔣先生親自決定。我以為你應當是掌握政策，一般事務交由部屬分層負責。在一個民主主體中，應當職權分明，同時你也可節省些精力。」說得好，你猜蔣經國如何回答？略一沉吟說——「你的意見是很好，只不過我求好的心太切，總想一切事情推進得快些。」金庸聽了，一想有道理，便沒什麼再好說的？十日訪談，回港寫成三萬字鴻文〈在台所見、所

八六年金庸宴請王光英，相談甚歡。無巧不成話，兩個老朋友同年同月去世（二〇一八年十月）。

聞、所思〉在《明報》發表，引起廣泛反應。綜合而言，金庸記述台灣的文章是正面的，對台灣最深刻的印象並非經濟繁榮，也不是治安良好，而是台灣領導正視現實的心理狀態，大多數設計和措施都著眼於當前的具體環境，由此認定的政策是務實的。

封筆後的金庸，最得意、興奮的事，莫過於得到鄧小平親自接待。當時鄧小平的身分是中共中央副主席，單獨接見金庸，除了傾慕他的小說高明而成金迷外，更是想藉金庸來訪，向外釋出新的對台工作——統一台灣。鄧小平早在七十年代後期，便留意起金庸的小說來，十分喜歡，他女兒鄧楠說過：「爸爸每夜臨睡，必要看幾頁金庸先生的武俠小說。」金庸小說只看數頁，豈能頂癮？鄧楠解釋：「那是我們限制他看，要不然爸爸會看到通宵達旦，第二天哪能工作？」除了小說也有留意到《明報》社評，金庸對鄧小平既敬佩又同情，在社評中，不斷為鄧小平打抱不平，強烈反對四人幫，甚至認為要救中國，唯有待鄧小平的復出，鄧小平看在心裡頭，認定金庸是百年一遇的海外知己，因而生了邀金庸到訪一遊的念頭。（註：金庸本想邀倪匡同往，怕他胡言作罷。）一九八一年七月十八日上午，北京酷熱，稍事舉步，即大汗淋漓。平日不修邊幅的金庸，一早梳洗打扮，罕有地穿上西裝，帶著夫人林樂怡女士和一對兒女，由廖承志陪同，一起開車直赴天安門。中共待客，有極嚴厲的規格，一般嘉賓直進會客廳，領導人站定握手，可鄧小平打破常規，金庸一下車，鄧小平已站在人民大會堂福建廳門口迎迓，一見金庸，主動走前握手。這是破天荒的舉動，金庸簡直呆了，心跳加劇，從未想到會得到如斯隆重的接待。鄧小平緊握金庸的手道：「歡迎查先生回來看看，實際上我們是老朋友了，你的小說我讀過。」金庸聽了，受寵若驚，接下來的說話更令他愕然——「你小說裡的主角大多數都是經過磨難才成事，這是人生的規則呀！」此正是夫子之道，鄧小平是郭靖、是令狐沖、是蕭峰，金庸感動得眼睛也潤濕了，說：

「我一直對你很仰慕，今天能夠見到你、感到榮幸。」這是肺腑之言，金庸一直認為當代能挽狂瀾於既倒的人僅鄧小平一人。鄧小平體胖，怕熱，穿著短袖襯衫，見金庸整冠肅衣，柔聲勸導：「今年北京天氣很熱，你除脫了外衣吧。我是粗人，就是這樣的衣服見客，咱們不用拘禮。」接著鄧小平先抽出一支「熊貓」牌香菸遞給金庸，並為他點菸。金庸哪好意思，忙推卻：「不敢當，不敢當！」鄧小平隨即微笑解釋：「有什麼敢不敢當的？我們這樣談話已經是老朋友了。戰爭年代在部隊裡，小兵給我點菸，我也給小兵點菸，大家同生共死，點點菸有什麼了不起？」說完以後鄧小平給自己也點了根菸，輕鬆自如地吸起來，於是倆無阻隔，放言直談。鄧小平向金庸提到了三件事：「反霸權、完成統一大業、搞好經濟。」正是金庸的心願。七五年《明報》組織了一個「反霸權的座談會」，邀請當年駐港日本特派專員參加，此會宗旨正與鄧小平想法相合。兩岸統一直是金庸的宏願，他訪台時，曾到前線看了一趟，看到地下坑道縱橫，大炮機槍滿地，一片肅殺，金庸難掩哀傷，更激發起他的統一念頭，不止一次對董千里、汪際說過——「我這一生如能親眼見到一個統一的中國政府出現，實在是畢生最大的願望。」訪談歷一小時，金庸、鄧小平惺惺相惜，惜別時，鄧小平親自送到門口，緊緊握住金庸的手道：「希望查先生以後可以時常回來，到處看看，最好每年一次。」鄧小平此次送給金庸的貴重禮物，便是發出「准生證」，金庸的武俠小說從此可以正式在內地出版，由是催生了一代文豪。

為了實現統一願望，八五年金庸躬身力行，出任「基本法起草委員會」委員。八六年成為「政治體制法」負責人，一心為國為民的金庸，到頭來舉出的「雙查方案」，卻不獲部分香港人的認同、諒解。衝動的團體一度跑到南康大廈「明報總部」大門口焚燒基本法，宣洩不滿。獨力難堵天下悠悠之口，金庸痛心疾首，失望沮喪，八八年辭掉基本法委員會之職，同時宣佈不再當《明報》社長，矢志閉門讀書，專心修訂小說。既無意報業，就有出售《明報》的念頭（註：有一傳說，算命先生告金庸六十歲後某年將有厄，遂欲出售《明報》）。放盤消息一出，掀起千層浪，各方買家紛至沓來。金庸左思右忖，最後敲定兩個買家：一是世界傳媒大亨梅鐸、次為香港青年作家于品海。誰是于品海？當時認識他的人不多，可謂名不經傳，實力欠奉。正當人人都以為金庸會將《明報》售予梅鐸，豈料結果出人意表，居然平價售與「程咬金」于品海。金庸心腹王世瑜以此舉有不妥處，力勸千萬別要賣予于品海：「他沒經驗，不行！」對王世瑜一向言計聽從的金庸，這趟居然借了聾耳陳的耳朵，不納，決定將《明報》交予于品海。于品海，何許人也？出生平民家庭，曾在《信報》、《財經日報》當編

二〇一一年金庸為鄭明仁簽書，旁為陶傑與李純恩。

採，閒時也寫幾筆文章，是一個知識青年，能得金庸信任，有人說是因為他跟金庸去世的大兒子傳俠有幾分相似；也有人以金庸有愛國之心，不想報紙落入洋人手上。勿論如何，金庸這個決定乃是畢生三痛之一，教他夙夜難成眠。于品海主政《明報》，第一件事就是甩開金庸。陶傑在《明報》出售後仍留任編輯，負責副刊，因知金庸素重副刊，致電尋問如何處理。金庸答以一切照舊，萬勿亂改，陶傑心遂定。過了些時，開編輯會，席上有人建議大改副刊版，陶傑告以金庸本意，當事者冷淡對之。不久，開董事會，金庸以董事身分翩然而至，卻被擋諸門外，有人對他說：「查先生，今天你不用列席。」金庸聽了，一盤冷水迎頭澆，登時呆立當場。王世瑜跟我說金庸這趟真的生氣了，回家呆坐書房，整日無語。痛定思痛，謀東山復出，立馬致電在加國的他：「世瑜兄！你立刻趕回來幫我辦張新報紙！」十萬火急，事在必行，王世瑜得令，立馬束裝上道。以金庸才力和財力，此事何難。為何最終沒了下文？誠是出於查太林樂怡女士的反對──「年紀這麼大，已近古稀，不要再勞碌了！」妻之肺腑言，焉能不遵從！遂罷此念。王世瑜瞇上眼，感嘆地說──「七十其實不老，我當年才五十多一點，精力旺盛，老虎也能打死兩三隻，辦張報紙，還是有點把握！」《明報》落在于品海之手，結果如何，有目共睹。在香港辦報，沒頂梁柱是不行的。金庸冷靜爾雅，

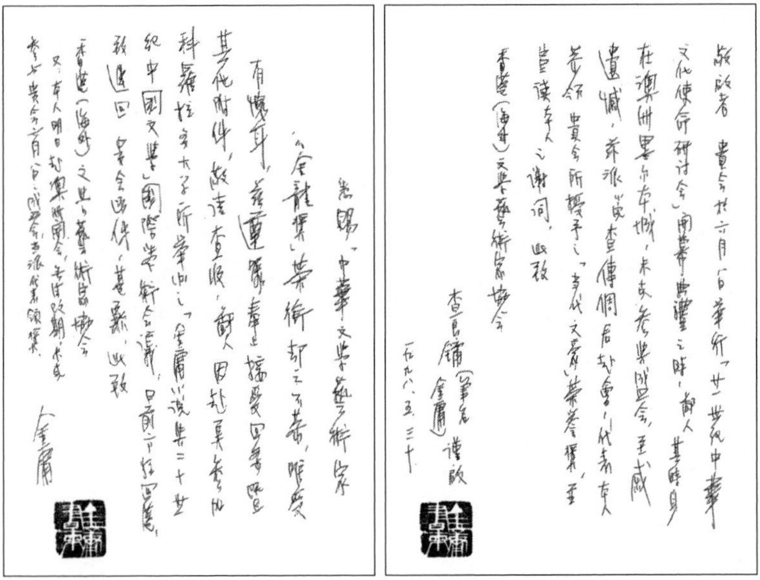
敬啟者　貴會於六月七日舉行「廿一世紀中華文化使命研討會」與頒獎典禮之時，鄙人其時身在澳洲墨爾本城，未克參與盛會，至感遺憾，並派黃查傳倜君赴會，代表本人恭領　貴會所授予之「當代文藝、藝術榮譽獎」，並宣讀本人之謝詞，此致
香港（海外）文學藝術家協會
查良鏞（筆名金庸）謹啟
一九九八、五、三十

惠賜「中華文學藝術家金龍獎」榮銜，卻之不恭，唯受有愧耳。並蒙寄奉獎座獎狀及其他附件，故請查收。鄙人因赴美參加科羅拉多大學所舉辦之「金庸小說與二十世紀中國文學」國際學術會議，日前方往[illegible]，致遲回　貴會函件，甚歉，此致
香港（海外）文學藝術家協會
又：本人明日赴澳洲開會，無法改期，未克參與　貴會六月七日之頒獎典禮，[illegible]
金庸

金庸為不能出席頒獎禮致歉。

平日少發脾氣，更少埋怨人，唯獨對于品海例外，罕有地向傳媒訴說于品海，沒有兌現當年購買《明報》時的承諾。對此，聰明圓滑的于品海只回答了幾句話——「金庸先生是世外高人，我們都是凡夫俗子，所以在有些問題上我們肯定是有不同的看法。」就這樣搪塞了過去。錯賣《明報》是金庸一生中的第三痛。（註：另外二痛為兩段失敗的婚姻和兒子傳俠英年早逝。）

金庸晚年憾事，大抵只有這一宗，其他的都是好事：獲頒英國OBE勳章、香港大紫荊勳章、法國榮譽軍團騎士勳銜、法

國藝術文學高級騎士勳章；出任浙江大學文學院院長；香港大學、中文大學、華東師範大學、蘇州大學、台灣清華大學名譽教授；香港科技大學、理工大學、樹仁大學、公開大學、加拿大英屬哥倫比亞大學、日本創價大學和澳門大學的名譽博士學位、北京大學中文系博士；澳門金庸圖書館、香港金庸館相繼創立……一大堆名銜榮耀，好事連連，教金庸樂呵呵，可以我看來，大堆頭銜都抵不上「大文豪的榮譽」。二〇一〇年九月八十六歲的金庸更上一層樓，以論文「唐代盛世繼承皇位制度」獲頒英國劍橋大學博士學位，這是他一生最得意之事。今年已屆九十四高齡，平日深居不出，健康稍不如前，夫人林樂怡女士悉心看顧，四名護士輪番二十四小時侍候。夕陽西下，疲癃一老，光芒璀璨。（註：金庸於二〇一八年十月三十日下午四時半，病逝香港養和醫院，享年九十四歲。巨匠崩落，武俠寂然。）

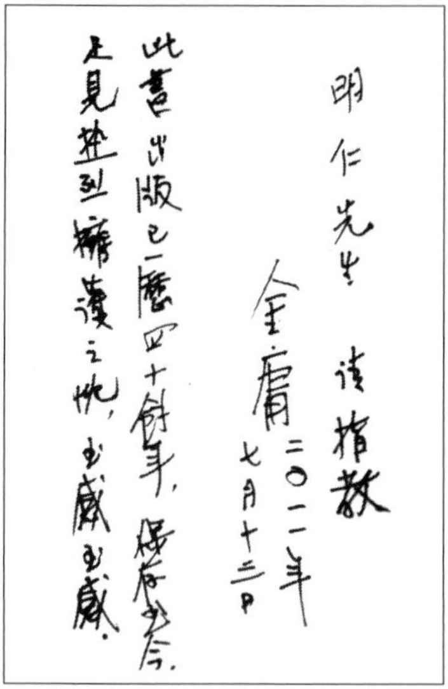

金庸由心感謝鄭明仁保存小說的初版本。

附錄

金庸心中的明月

陶傑說上世紀最好的月刊是《明報月刊》，這不是誇讚，而是事實。我跟《明月》有點淵源，既是它的讀者，也是它的作者，當年《明月》作家陣容中，我是渺小的小輩。《明月》創刊於一九六六年，有關它的發軔流傳著兩個說法，一說是一班海外學者以夏志清教授領頭鼓勵金庸出版的，棲居海外的華裔學者，除洋書外，無法讀到高水準中文刊物，因此希望眾學者看重的《明報》社長金庸能擔負起這個責任，提供精神營養。金庸納其言，出版《明月》。其二是當年《明報》副刊上出現了不少學術性文章，見解精闢，意義深遠，卻不合一般讀者口味，棄之可惜，金庸就想到辦一本月刊來承載，讓學者有發表鴻文的地盤。〇六年金庸夫子自道，說當年出版《明月》主要是和文革對著幹。三種因素並存，相輔相成，成就了《明月》。

《明月》創刊時，編輯部設於禮頓道的一幢舊式大廈，創業維艱，金庸自任總編輯，大教授許冠三、大作家司馬長風襄助，構成「三頭馬車」，而編輯亦僅二人，便是克亮（黃俊東）和阿樂（王世瑜）。重用許冠三，意旨明顯，乃是宣示《明月》走的是較高檔的學術路線。在這感召下，四方八面投來的文章自然都是學術水平高的文章，用詞專門，文筆艱澀，不好閱讀。辦了幾期，讀者反對聲音紛至沓來，要求改革。金庸一向民主，參照過讀者意見後，認為不無道理，與許冠三商議，希望能多容納非學術性文章，許冠三並不同意。兩頭馬車意見相左，教授掛冠而去。司馬長風、王世瑜也因稿事、工作繁忙，不克兼顧，引身而退。金庸只好單挑保帥，一邊物色適當人選。

那時候，胡菊人是「美國新聞處」編輯，雅好寫作，常有文章在《中國學生週報》上發表，金庸看過後，認為胡菊人有才情，就請他來編《明月》。胡菊人是一個苦學成材的學者型作家，前後出任過《大學雜誌》老總、《中國學生週報》社長，編輯雜誌，經驗豐富。金庸禮賢下士，請他主編「月刊」，正是慧眼識菊人！胡菊人接手《明月》，採漸進式改革，保留許冠三路線，選登一些學術性文章外，盡量刊載知識趣味性兼備的文章，同時也顧及了當時中國大陸的政治與國際形勢。於是《明月》便從一本純學術性的月刊，搖身一變成為綜合性的高水平讀物，正好符合金庸創辦「月刊」的原則。金庸索性放下編務，統由胡菊人一人總攬其成，而《明月》也就一紙風行了十多年。在胡菊人跟黃俊東兩人的努力底下，《明月》的作家陣容日益龐大，細細點算，便有司馬長風、牟宗三、牟潤孫、丁望跟徐東濱，他們或以政治家立場，透過學術觀點批判中英政制；或以學者身分，駁斥中共所倡行的唯物辯證哲學。其時，中國正處閉關，消息不囫，不少海外學者和讀者都得依靠《明月》來了解大陸情況，因而銷路大增。八〇年台灣傅朝樞先生（註：〇二年去世。）來港辦報，聘胡菊人出任《中報》總編輯，胡菊人應承了，非為厚酬而是著眼理想。金庸幾經挽留不果，只好含淚斬馬謖，在「海城」酒樓設宴，送贈「勞力士」金錶以誌紀念，從此胡壯士一去不復返。胡菊人離任後，《明月》老總一職懸空（後由董橋出任），金庸暫掌編務。一天我上去交稿，巧遇金庸，一把拉住我，誠懇地說：「小葉！謝謝你的支持，以後請多寫稿。」說罷，親手倒了一杯茶，遞在我手上，我焉能不感動，稿寫得勤！

《明月》在七十年代聲名遠播，日本學術界、新聞界都予看重。七五年，我的日本朋友相浦杲教授在港任「港大」客座教授，央我帶他參觀《明月》編輯部，當他看到「月刊」只有胡菊人、黃俊東兩個編輯時（註：《明月》共有兩個半編輯，胡、黃外，尚有詩人蔡炎培，兼負校對編務，因係兼職性質，故曰半。），那瞪眼如桂圓、吐舌回不轉的驚訝表情，迄今仍留我腦海。後來我好奇問他相若的月刊，在日本要用多少編輯？相浦教授想也不想就回答「至少二十人吧！」咦！《明月》豈非以一敵十？以兩人半之力，辦出這樣一本出類拔萃的刊物，豈能不佩服金庸、胡菊人！

《明月》五十壽

九月下旬，捎來一張請柬，棕色襯底仕女繡像，左旁有金庸最新題耑——「群星燦爛月華明」，字體陡斜，有異昔日。早在去年已聞金庸記憶衰退，不再題字，今趟破例，當是為《明月》五十年壽，老人愛護《明月》之心，盡現字中。六六年《明月》創刊，宗旨是「獨立・自由・寬容」六字，時光流逝，今日仍為《明月》信條，胡菊人固堅守，董橋亦無逾矩，現任總編輯潘耀明矢意貫徹，香港刊物類《明月》者，絕無僅有，我輩應珍而重之。

跟《明月》結緣，始於七四年，我剛從日本回來，窮困無靠，好友黃俊東（《明月》編輯克亮）建議我為《明月》翻譯日本文化一類文章，我素知胡菊人選稿嚴謹，怕力有不逮，俊東兄說「不打緊，文字我可代為修飾，最緊要是素材。」於是從日本研究中國五四文化的作家、學者著作擷出材料，翻譯成文，由俊東代呈胡菊人。過了些時，俊東報喜訊「老胡答應發表了」，聽了大喜過望，非為稿酬，而是像《明月》那般高水準的刊物也能採用拙稿，足證兩年日本苦讀沒白費。文章發表後，頗有反應，胡菊人就著我多翻一些。在《明月》發表的文章，最為人推重的當是〈中國的一九三〇年代與魯迅〉，這是竹內實教授跟胡菊人討論有關《魯迅日記》一九三二年二月一日至五日項下空白的問題，雙方以學術觀點和個人推研展開討論，為七十年代港日文壇的盛事。此外我還翻譯了〈魯迅與山上正義〉、〈魯迅與內山定造〉、〈我所認識的老舍〉等文章，後者是因應胡金銓往南韓拍攝《空山靈雨》、斷了《老舍》一文的連載，另覓資料補白，我遂譯木村浩氏的譯文（俄譯日）〈北京的作家！老舍〉，得字一萬，改題〈我所認識的老舍〉。文章有回報，我賺了金銓大哥幾頓飯，如今金銓大哥墓木已拱，香港少了一個老舍專家。

《明月》初創，金庸任總編輯，學者許冠三與作家司馬長風輔之，編輯部設於禮頓道的一幢舊式大廈，另有編輯二人，便是克亮和阿樂（王世瑜）。許冠三是學者，偏重高檔學術路線，文章艱深晦澀，不便閱讀，讀者批評洶洶崩崩而來，金庸順民意，要求許冠三改革不果，《明月》地震，許冠三、司馬長風掛冠去，金庸重擔獨挑，頗感吃力，於是相中了胡菊人。拙文〈金庸心中的明月〉有這樣的敘述——「金庸正是慧眼識菊人！胡菊人接手《明月》，採漸進式改革，保留許冠三路線，選登一些學術性文章外，盡量刊載知識趣味性兼備的文章，同時也顧及了當時中國大陸的政治與國際形勢。於是《明月》便從一本純學術性的月刊，搖身一變成為綜合性的高水平讀物，正好符合金庸創辦月刊的宗旨。金庸索性放下編務，統由胡菊人一人總攬其成，而《明月》也就一紙風行了十多年。」盛時的《明月》名家，繁星閃耀，粗略點算便有司馬長風、牟宗三、牟潤孫、高克毅、徐東濱、丁望、徐訏、戴天……，這些名學者、名作家，崇尚自由，或以政治家立場，透過學術觀點批判中英政制；或以學者身分，駁斥中共所倡行的唯物辯證哲學。八〇年胡菊人蟬曳殘聲過《中報》，金庸聘董橋繼任，學術氣味更濃。董橋以後，《明月》分由張健波、古德明、古兆申、邱立本和潘耀明主編，內容互異，原則不變。我十八歲時初讀《明月》，最喜者乃張國燾先生的《我的回憶》，詳述創辦中國共產黨經過和跟毛澤東分歧因由。正是透過這部回憶錄，讓我了解到共產黨鬥爭的殘酷，今朝領導明日打為反革命，承受滅絕人性的侮辱。今藉《明月》五十大壽，想起跟我同期執筆的前輩：胡菊人——酒後乍醒，撩動琴韻、司馬長風——一杯綠茶，暢談東瀛、徐訏——咖啡芳香，緬懷五四……俱往矣！曩昔浪蕩少年，今日皤皤老翁，悲乎！

金庸六十年

金庸已屆耄耋之年，精神利健，近日兒子傳倜從深圳趕回賀壽，老人欣喜安慰。今年是金庸創作六十週年紀念，許多文化界朋友都打算做一些文章賀其事，我也湊湊興。金庸第一部小說《書劍恩仇錄》，寫的是海寧張家陳家跟乾隆千絲萬縷的關係，輔以「天地會」翻天覆地反清事蹟，鍊鑄成文壇巨著；自此，金庸佳作多不勝數，成為新派武俠小說巨擘，作品改編拍成電影、電視劇無數，俱能引起觀眾追捧熱看。說真的，一個作家到了這個地步，夫復何求。惟也有人說金庸小說難登文學殿堂，為文肆意惡評，這情形尤多見於大陸文化界，一班自詡為文學捍衛者的文人，詈罵金庸小說貽害青年、難沾文學邊。吃不到的葡萄是酸的，作家是否文學巨匠，端要看作品傳流和滲透度，魯迅以「阿Q」鳴，正在於阿Q形象深入民間，人們一遇挫折，就以阿Q精神解嘲；同樣金庸以「韋小寶」鳴，世人喻滑頭，無不想起韋小寶。作家筆底下角色能常掛於讀者嘴邊而成為一種人物性格的代名詞，影響深長難測，不為文學者何？

五五年金庸寫《書劍恩仇錄》，既是《新晚報》編輯，又兼「長城」編劇、導演之職，忙得不可開交，只能偷空伏案寫小說。最近跟李炳宏老哥茶敘，聊起金庸，他說——「《書劍恩仇錄》中的陳家洛，名字大有來由，當年『長城』經理沈天蔭的兒子叫家洛，金庸覺得名字好，就借來一用，成為了陳家洛。」

唷！原來名出有據呢！金庸寫《書劍》，除了名字，人物也有對象模擬，不少「長城」老同事都給他寫了進去，以前我寫金庸，說過——「金庸筆下的女主角，大多以夏夢為臨摹對象。」這話只說對了一半，近日細閱彼之小說，有新體會，諸色女角中，除夏夢外，興許還夾雜著石慧、陳思思兩美的靈巧、苗條倩影吧？以之問李老哥，一笑：「對！我也有同感！」想想金庸也可真幸運，人生能遇一絕色美人已是天大難事，他老哥居然能跟三大美人朝夕相對，難怪書中描繪女角，勿論蕙質蘭心、俏麗清雅、靈黠多慧，皆獨擅勝場，一般作家所不逮！

倪匡纏金庸加稿費不果，曾說過「老查什麼都好，就是有點『孤寒』！」倪大哥錯矣！金庸實非如此，不妨舉兩個例子。我有一個上海文人朋友叫戴文祺，某年除夕，身上分文不存，無法過年，倏地想起金庸，雖不太熟，總算朋友，不妨碰碰運氣，厚著臉，走上「南康」大廈《明報》社長室，謁見金庸。文人有骨氣，不好意思明說，支支吾吾，久不入正題。

金庸何等聰明，知其意，微笑說：「戴兄！你有什麼事，只管說，我能幫上忙，一定幫！」戴文祺如釋重負，道明來意。金庸一聲不響，叫會計部拿了一萬元現金交給戴文祺。戴兄對我說：「查先生真夠意思，雪中送炭，我永誌不忘！」

第二樁事是李老哥說的，話說八二年，左派電影界改組，「長城」、「鳳凰」、「新新」和「中原」四家公司合併成立「銀都」機構，拍了幾部電影後，成績未達高峰，於是籌拍金庸的《書劍恩仇錄》，由女導演許鞍華扛大旗。李老哥說：「小葉！講一個祕密給你聽，當年是李瑞環下令要拍《書劍恩仇錄》的！李瑞環是金庸粉絲，金庸小說，他滾瓜爛熟，銳意要把金著搬上銀幕。公司一共投資七百多萬，片太長，分兩集，下集名《香香公主》。」《書劍》上映，收支平衡，卻無驚喜，李老哥歸咎於導演，我知許鞍華，說：「阿Ann不擅拍武俠，不怪她！」《書劍》拍電影，金庸分文版稅不取，義務寫劇本；電影移師內地拍外景，還特意拿出一萬元供製作人員作吃用。李老哥說：「金庸大氣派，豪爽！當年達式常、劉佳他們來香港，爾請客！」啥價錢？一席三萬！唷！直是壓賽孟嘗君、敢欺石崇富，豪氣豪氣！

金庸就是金庸

金庸逝世，萬眾同哀，我忝為其一，惟哀者非其年老去世，而係文豪不再。人人說金庸了不起，怎的了不起？一句話，雅俗共賞，達官貴人，林下名士，販夫走卒，讀之皆不忍釋卷。世上有華人之處，必有金庸小說，流傳至廣，柳永不逮也。年來，分析金庸小說專著亦復不少，倪匡、陳墨、嚴家炎，楊興安等，各陳其說，卓然成家。珠玉在前，不敢掠美，毋妨說說身邊瑣事以饗讀者。金庸三段婚姻，前二段均以失敗告終，獨有中年後的那一段，維繫至今情不變，因兩人年齡差距頗大，事前無人看好，倪老爺一瓢冷水澆頭淋，呱呱大叫：「老查這段婚姻我不看好，老夫少妻難長久。」天下事，無絕對，慧黠如倪匡，也有漏眼時。查太阿May十六歲遇金庸，今逾花甲，恩愛逾恆。倪老爺子今回眼鏡砸爛，滿地碎片矣。芸芸諸友中，《明報》大掌櫃戴茂生慧眼別具：「我覺得查先生跟阿May會長遠，他倆的關係很有趣，既是夫妻，亦似父女。夫勤妻賢，父慈女嬌，打風不掉[1]。」當

[1] 不能分割。

時無人信服，如今戴公墓木已拱，不得不佩服他看人測事之明。阿May未識金庸前，是北角金舫酒店七樓蜜月酒吧的女侍應，芳齡十六，存錢留學而當臨時工。某夕金庸上酒吧寫稿，阿May上前招呼，日久，成了忘年戀（註：有關阿May出身，傳言頗多，大多係穿鑿杜撰，伊非風塵中人而係兼職求學的乖乖女。）。今年十月一日，我重遇老同學陳冠生，他是七十年代阿May的同事。在Whats App裡這樣說：「金庸現任妻子Julia是我七十年代的同事。老闆是美國人，他擁有Jeans East、假髮廠、泛亞電影公司、廣告公司等等。那時我們一班同事經常出來玩，很開心。她在公司是出名靚女，很多人追她，唯獨她只喜歡金庸。她說金庸很細心，品格高。」重品格，輕金錢，幾十年來阿May都緊守。貴為查夫人，她低調自處，從不揄揚，傳媒邀訪，都會以金庸所創凌波微步，偷偷溜掉。陶傑見她勞碌，勸她旅行散散心，婉聲推拒，並說：「目前最重要的工作便是一心一意照顧金庸。」以金著喻之，活脫脫便是小龍女。

有人以為金庸拙於辭令，實則非也，江浙人士，粵語多不靈光，一講，準吃螺絲；若然易以上海話，當會口若懸河，滔滔不絕。我可沒亂說，實有明證。七十年代初訪渣甸山查宅，用滬語採訪，說話順溜，沒半點兒拖沓。上海老大哥周清霖早年來港訪金庸於山頂道大宅，滬語交談。回憶道：「人家講金庸閒話不靈光，什麼事情，流利得不得了啊！」非獨不拙於辭令，還要巧言令色！七十年代《明報》獨樹一幟，作家爭為副刊撰稿而不得。蔡瀾亦係其一，結果由倪匡施計賺得查先生青睞，得償所願。可《明報》稿費其實不高，以我為例，一千字六百五十，他報八百字，一千大元，可見差距。男作家心寬皮薄，不便作聲。女作家不同了，亦舒、林燕妮不服，雙雙要求加價不果，寫文章怒責金庸刻薄吝嗇、編輯大驚，請示查老闆。金庸回道：「罵由他們罵，稿子照登。惟稿費一個子兒都不加。」二姝不服，口誅筆伐。查大俠嘻嘻笑：「林姑娘，你有了錢亂花，加了也花掉，加啥！」又對倪小妹說「呀！倪小姐，你工作忙，沒時間花錢，加了不用，加啥！」兩大辣妹子啞言無語，乖乖，稿子照寫。金庸一生喜讀書，求學問。董橋悼他云：「金庸先生一生讀書，晚年還去英國讀博士，那是他的抱負他的心願。其實，金庸坐在那裡不說一句話依然是金庸，不必任何光環的護持。」正合我意。查老一去，文壇寂然，萬丈光芒何時重現，我問誰去！

舊日《明報》三作家

「沈西城先生！我是三蘇！」上世紀七十年代末的一個早上，我接到一個電話，男人的聲音有點兒沉，報上姓名後，我嚇了一跳。三蘇《怪論》，聲名炙手，眾口交譽，他打電話給我作啥？三蘇說出來龍去脈，原來他很喜歡看我在《明報》副刊翻譯的日本推理小說，希望跟我茶聚聊聊。哪會拒絕，第二天中午，我跑上「珠城」酒樓，三蘇早在，同座還有宋玉（王季友），以前見過，我管他叫季友叔。宋玉笑說：「你的三蘇叔叔老早就嚷著要跟你喝茶，他喜歡你譯的日本推理小說！」我受寵若驚，嘴裡忙謙遜。三蘇說以前也寫過偵探小說，署名「史得」，這我看過。他隨即問我意見，我率直回答：「那還是程小青的舊路，文筆遠勝。」三蘇不以為忤，說我批評得是，老作家器量大。那天談了兩個小時，三蘇要回天后寓所治稿，我送他下樓，看他和季友叔上計程車。過了幾天，《東方日報》的周石老總給我電話，要我寫一個「科幻」小說，說是三蘇推薦的。我樂於應命，那是我為《東方》寫稿之始。喜歡三蘇《怪論》，是由於「三及第」文體特異，白話、粵話夾雜，針砭時弊，一刀見血，令人哭笑不得。

三蘇原名高德雄，祖籍浙江紹興，正如知堂老人所說，紹興多刀筆吏，其兄魯迅為其一，三蘇乃其二。除了《怪論》鳴於世，三蘇的《經紀拉日記》，也是反映社會現實的不朽作品，跟黃谷柳的《蝦球傳》齊名，還有《香港二十年目睹怪現狀》，仿吳研人《二十年目睹之怪現狀》，也是一絕。天妒英才，三蘇年壽不永，一九八一年去世，享年六十三。

如今跟年輕讀者說起江之南這個名字，怕多會愕然不所知，可在七八十年代，他是《明報》副刊的主力，所著江湖小說，瘋魔一時。江之南，原名王陵，身形不高，胖嘟嘟，冬天喜穿深藍絲棉襖，雙手籠在反白袖管裡，見人打躬，煞像南北行店鋪的「掌櫃」先生。我許多時下午到《明報》交稿，都會遇到他，笑容掛面，問：「交稿？」我點點頭：「你呢？」江之南笑呵呵：「上班上班！」江之南擅寫江湖小人物，名聲不顯，義薄雲天，最為讀者追捧的便是《人在江湖》，一九七四年，「邵氏」買了版權，拍成電影，易名《成記茶樓》，陳觀泰、李修賢合演，導演桂治洪。當年賣座，又拍續集《大哥成》，江之南得以揚名，可版稅不多，還得戮力筆耕。江之南逝後，這類描述下層人民生活的小說不再多見，這就更教我罄折於王陵兄的文章了。

七十年代《明報》副刊，台柱有三，金庸、倪匡、三蘇，惟其他作家，也是紅極一時的名家，其中余過更是佼佼者。余過，就是潘粵生，《明報》總編輯，處事、行文都有查先生的作風，余過所寫的《四人夜話》，雖說是法國人說、日本人說，其實都是余過說的。《四人夜話》類似衛斯理的科幻小說，峰迴路轉尤過之。我看過一篇叫〈不死之國〉的小說，述說人類不死所帶來的禍害，寓意深刻，歷久常新。余過是出名的好好先生，最愛打牌，輸贏笑嘻嘻。不見久矣，偶在地鐵車廂相遇，噢！奇怪！歲月從不在他臉上留痕！

淺說金、梁、倪三大家

《武俠世界》創刊以來，供稿的小說家，恆河沙數，計之不盡。出名的有：倪匡、臥龍生、諸葛青雲、張夢還、司馬翎等等，至於那些文名未顯的，更難細數，清單一張十尺長。有專家說《武俠世界》網羅港台所有名家，有點誇張，至少香港兩大新派武俠小說開創者金庸，梁羽生就未納其內。原因何在？簡略言之，金庸貴為《明報》老闆，身價自不同，從不為別家刊物撰稿；至於梁羽生，隸左派陣營，御用作家，豈容旁人沾手？就連老同事金庸求助也被拒。金庸跟我說過初辦《明報》，曾欲拉攏梁羽生，以雙劍合璧，天下無敵，業必有成，不意吃了癟。梁羽生幾經考慮，婉拒金庸好意。事後，梁羽生對友人說：「不是我不想幫老查一臂之力，而是我家食指浩繁，萬一有什麼差池，我會陷入困境。好馬難吃回頭草啊！」晚年梁老頗有悔意，非欣羨金庸發大財，而是盼能如他一般地享有更大創作自由和空間。梁老女徒楊健思老師告我「金庸寫韋小寶，鬼馬多端，機智狡黠，一下子擁七位如花似玉美妻，床上調笑，春色無邊。梁老那兒就不能這樣寫了！」事實上，梁羽生風趣幽默，平日愛開玩笑，遠比金庸逗趣。

梁羽生跟金庸是好同事、好朋友，和倪匡卻少有交情。原因是倪匡曾公開批評梁羽生——「梁羽生的小說不好看，我看不下去。」直性子的倪匡毫不容情地批判梁羽生的作品。身為名家，分量自不輕，的而且確影響了不少讀者閱讀梁羽生小說的興趣。梁羽生的小說真如倪匡說得那樣不堪一讀？非也非也！舉《七劍下天山》、《白髮魔女傳》、《萍蹤俠影錄》三書，已是擲地鏘鏘有聲，有哪一點不如金庸作品？唯一生要為稻粱謀，成書三十餘套，水準自是參差不一，影響整體水平。然而僅傳世的那三本，已足為後學捧誦，專家鑽研。

眾所周知，羅斌不太喜歡金庸，原因有二：一是同行如敵國；二則是和金庸撬走羅斌愛將倪匡有關。倪匡出身《真報》，本為小雜役，有一天碰巧台灣武俠小說家司馬翎斷稿，老總陸海安急得像鍋上螞蟻，問報社中人誰能代續？名作家龍驤不敢請纓，餘者噤聲，獨小倪匡舉手說「老總，我能！」一看是個小雜役，哪放心上！陸海安望著倪匡說不上話來。好個倪匡拍拍胸脯，朗聲道：「我來寫，先寫兩段讓老總過過目，好伐？」陸海安見情急勢危，姑且一試。第二日，倪匡呈上四段續稿，陸海安一看，嚇了一大跳，居然嚴絲合縫，毫無破綻，當下錄用。後司馬翎續稿到，陸海安愛才，問倪匡能寫長篇武俠小說否？倪匡天不怕地不怕，馬上答應。於是便有了年輕武俠作家「岳川」，文筆流暢，橋段曲折，很快吸引讀者注意，同時也勾起《新報》老闆羅斌的注目，竟開出高昂稿費拉他寫文章。倪匡遵命如儀。這就造就了香港奇情小說大家魏力，一系列的《女黑俠木蘭花》。

倪匡用魏力筆名撰寫《女黑俠木蘭花》，第一本《死光錶》千字十元起，一路寫至千字百元，仍未饜足，要求再加。這已超過羅斌本身負荷，商議不果，舉手投降。倪匡投奔羅斌對頭金庸。由是羅斌不滿更大，從此你爭我奪，相鬥不休。五九年四月羅斌辦《武俠世界》，金庸見獵心喜，也來軋一腳，翌年一月發刊《武俠與歷史》，以之打對台。為求一挫對手，親撰中篇連載《飛狐外傳》，大師椽椽之筆，如泰山壓頂，勢不可擋，《武俠與歷史》銷路紅火，直逼《武俠世界》。羅斌左思右忖，心生一計，拉攏台灣名家臥龍生，購其《大華晚報》連載《飛燕驚龍》，易名《仙鶴神針》，更命臥龍生改筆名為「金童」，「童」、「庸」發音相近，擾人耳目。為求一擊即中，銳意創辦電影公司「仙鶴港聯」，開拍《仙鶴神針》，一集接一集，賣座空前，於是馬君武（《仙書》男角）之名，不遜郭靖，市場上金、羅平分春色。六十年從頭說起，白頭宮女話玄宗。

從金庸館說起

多年前，朋友茶敘，談文論藝，齒及金庸，說：「金庸盛名播天下，香港應該有表示！」於是議論紛紛，爭相表態，最後拍板——「何不建個展覽館？」有人熱情洋溢，拍胸挺肚：「包在我身上！」一包經年，樓梯響不見人來，此事暫息。兩年前，施仁毅兄告我「金庸館」在籌辦了，如無意外，一六年底可開放。聞言雀躍，香港又多一個賞文化的去處。去年年中，聽說工作有點阻延，開館未定，心想：千萬不要像咱友一樣拍了胸，肚子癟！可幸萬事如意，金庸館鐵定一七年三月一日開幕，萬千金庸迷大可放下心頭大石。

館址設在沙田香港文化博物館內，占地二千平方呎，朋友們嫌地不大，氣勢闕如，我勸說：「罷了，罷了！香港今日尺土寸金，有立足之所，已屬僥倖，人不能貪，否則茲事體大。」週二瀏覽一過，規劃尚算井井有條，展品一百組，包括小說各類版本、手稿、文獻、照片等等，另有專輯紹介金庸創業經過、撰寫武俠小說歷程和小說對香港流行文化的影響。然而「流行」這兩字，頗值得斟酌，籌劃者大抵不知道金庸小說早已超越「流行」範疇，日本《讀賣新聞》友人本池說過「查先生的小說，早是純文學而非大眾小說。」甚且將彼跟司馬遼太郎並列，足以說明金庸小說的內涵已不再局限於「流行」二字。早年內地選百年作家，金庸名列第二，僅次魯迅而在巴金、茅盾之上，因此，館方以之跟「流行」相類，並不恰當，值得深思。此外，大凡名家展館，當不乏私人物品陳列，以期體現作家的生活狀況，魯迅故居藏品最珍貴者是放在地下跟二樓亭子間木櫃裡、仙台學醫時的醫療用具，聽診器膠管泛黃，滄桑翳深；另外那個用黑絨布包裹保暖的水杯，也象徵著當年魯迅生活的艱苦，連一個保溫杯也沒有，簡陋清貧，培育出一代文豪。館藏金庸私人物品有眼鏡、相機和圍棋棋盤，看到棋盤，不禁想起倪匡說過的那塊巨型棋盤，珍貴高雅而富歷史氣味，不知道可是那一塊？

名作家有展館或紀念館，並不稱奇，台灣有雲和街梁實秋日式舊居，內存手稿三百餘通；陽明山有林語堂故居，九四年曾偕陳福霖博士、王鵬翔一起參觀過，寬敞的平房，白牆藍瓦，屋內佈置半中半西，和融自然。各式藏品中，最教我注目的是那台中文打字機，乃語堂先生晚年專心研究的成果，另外還有紹介先生事蹟文字。魯迅曾罵林語堂倡幽默誤國，林語堂一笑置之，有人問他為何不像梁實秋那樣起而打筆戰？語堂先生笑說：「不還手便是回敬，無聲勝有聲呀！」這是先生的幽默，也是魯迅所缺者。

九八年，隔別四十六年，我重履上海，第一天趕去看「大世界」，翌日，行蹤便是虹口區大陸新村魯迅故居。樓高三層，書房連臥房在二樓，一張黑木書檯臨街放，檯上遺稿是《因章太炎先生而想起的二三事》，先生未完稿已逝。時黃昏日落，窗外鴉啼，我駐足案前，迷糊間，彷彿看到魯迅先生夜半伏案，左手夾菸，右手振筆疾書，歸後靜思，頓悟「睹物思人」之旨。要了解作家寫作生活，莫如重塑書房，金庸書房多而大，複製困難，無妨把南康大廈明報時代的社長室臨摹下來，室小而雅，不少名著如《天龍八部》、《笑傲江湖》、《鹿鼎記》都在這兒寫就，日月星辰，正是金庸花時最多的處所，彌足紀念。如今金庸已屆九四高齡，偕夫人棲居香港半山，「消受白蓮花世界，風來四面臥當中」，與世無爭，逍遙自在，我輩所羨。

附記有二：其一金庸館開幕式有談金庸事蹟片段，芸芸友人中，獨缺倪匡、阿樂、蔡瀾，頗覺意外；其二，李志清的畫，剛健婀娜，極自然之致，為金庸館添色。

梁羽生的心結

今年書展，主題是「閱讀江湖：亦狂亦俠亦溫文」，金庸行動不便，倪匡意興闌珊，出席的怕只有喬靖夫和溫瑞安等諸作家，星光不復當年。不過，朋友楊健思老師同楊興安博士有一個講座，題目與金庸、梁羽生有關，聽說各自備了第一手資料，精采可期。楊博士乃香港金庸專家，毋庸細表，倒是楊老師研讀梁羽生至深，值得一說。十多年前，楊老師邀我到西環漢華中學講演「武俠小說源流」，第一趟面對二百多名學生，上台居然不吃螺絲，也算福大。後又蒙她引介，在深圳結識了廣西蒙山市研究梁羽生的朋友們，相互交流意見，得益良多，只是我不是梁老的「粉絲」，他的作品大致讀過，精讀的僅《七劍下天山》、《散花女俠》和《萍蹤俠影錄》等寥寥數本，只好聽而無甚心得可談。楊老師可不同，在梁老生命的最後幾年，侍伴左右，儼如女徒，由她來講述梁老，當可跟楊博士平分秋色。

我向楊老師尋問打算如何講述梁老？楊老師道出一段梁老陳年心事。六六年一月羅孚先生辦《海光文藝》，創刊號刊了一篇〈金庸梁羽生合論〉，作者署名佟碩之（後來方悉是梁羽生的化名。），內容大意說「金庸是洋才子，梁羽生乃舊名士」，本是持平說法，文章倘循此途徑寫下去，當然大道，惟隨之下來筆鋒一轉，大肆批評金庸寫武功過於荒誕不經，述俠義不辨忠奸，說情愛罔顧禮儀，甚至直斥金庸不諳回目，並舉《書劍恩仇錄》「古道駿馬驚白髮，險峽神駝飛翠翎」為例，指「古道」、「險峽」均屬仄聲，犯了對聯的基本規定，不僅如此，還列出《射鵰英雄傳》中有宋代才女唱元曲的荒唐事（註：此指《射》書中黃蓉與「漁樵耕讀」中的樵子唱答《山坡羊》一事，樵子所唱和黃蓉答唱均屬元代散曲名家作品）。金庸看了此文，在《海光文藝》第四期發表二千餘字的文章回應，謙稱是「講故事的人」，寫武俠小說旨在娛人，大可不必斤斤計較於小節。金、梁筆戰，引起倪匡注意，在《明報》副刊排日寫了不少針對梁老的文章，有云「梁羽生的小說並不好看，我看不下去。」落在梁老眼裡，修養再好，也動怒矣，論輩分，倪匡是小輩，哪有小輩如此不敬前輩？金庸獲知梁老不快，即寫信向梁羽生道歉，以大家是老同事、好兄弟，勸不必太介懷。梁老收了信，表面領情，內心有刺，而這刺，經年累月變成心結，一直難消，他想不明白為何倪匡會對他批評嚴苛至斯？

聽了楊老師的話，我有點遺憾，我不認識梁老，也不曾真正碰過面，不然必盡小子之力為他開解。倪匡是性情中人，評賞事物喜憑一己之念，說梁羽生小說不好看，純是個人的主觀，並無貶低梁老之意。平心而論，梁羽生的詩，功力一百，寄託遙深，用事精切，細細尋繹，可作史詩讀；而小說《七劍下天山》、《白髮魔女傳》裡面的男女人物凌未風、卓一航、練霓裳，久存讀者心中，鮮明活脫，栩栩如生，套用我的「金句」——「舉凡小說人物閒時不掛於讀者嘴角者，都不足稱傑作；反之，就是名作矣！」梁老早已是成功的了。人有度，何必自我挖塞（滬語）。聽楊老師說後來梁老甚至懷疑是金庸教唆倪匡撰文還擊，呀呀！這就太小覷咱們的查先生了，金庸度量還是很恢宏的，絕不會幹偷雞摸狗的勾當，何況倪匡從不受制於人，梁老是想多了吧！

對梁羽生，金庸亟念友情，遊澳洲，必往訪，共下圍棋以尋昔日歡樂光景。○六年，梁老中風臥院，金庸往探，見神志迷糊不清，就寫了一紙，置於檯頭，約定「兄有困難，不妨告弟，當盡力協助。」（註：此事後被訛傳成金庸在檯頭上放下一紙無填金額的支票。）金庸對梁老情深誼厚，關懷備至，於此盡見。梁老！你在天界看到小文，心結當可解消了吧！

梁羽生的委屈

梁羽生名滿大江南北，其人其事，堪值一記。楊健思老師舅舅楊振權先生是梁老在嶺南大學的同學，同宿一室，相交甚深，因知楊老師愛讀武俠小說，八五年就寫了介紹信讓她去拜候梁老。那時，楊老師孩子尚幼，難分身，拖延了時日，迨想到拜訪時，梁老已移民澳洲。直到〇四年某日，恩師鄺健行教授恰有事要往訪梁老，楊老師就嚷著要一同去，鄺教授是老派人，重規矩、崇禮儀，拒道：「不行！我不能隨便帶一個陌生人去見梁先生！」楊健思說：「教授！我可不是白撞的，我有介紹信！」出示楊信，鄺教授欣然帶她詣梁門。到了梁老下榻的尖沙嘴「女青年會」旅舍，甫提起楊舅舅，梁老雀躍不已，向楊老師殷殷垂詢同學近況，只是他的廣西蒙山粵語，聽得楊老師一頭霧水，豎耳細聽，亦僅知七八。原來梁老雖客居香港幾十年，鄉音無改，說是粵語，其實是變種蒙山話。粵語不靈光，國語可行？楊老師擺手搖頭：「更不濟！」那豈非蒙山話最正宗？非也！原來梁老的英語說得較地道，那是他移民澳洲，為便溝通，勤習英語，奇哉怪也！傳統文人，母語不濟，外語流利，你我豈能想得到？

別看梁老孜孜於舊詩詞，人不古板，詼諧幽默，好言談笑，這一點跟他的老同事金庸大異其趣，查老木訥不喜言，梁老是了哥，一開腔，難住口，只是這要閣下跟他相識久了，能辨蒙山粵語，方能領略其趣。我素知梁老喜對聯，問楊老師，回說「對呀！不止喜歡，簡直入迷。」因此，何淡如的變格名聯「一拳打出眼火，對面睇見牙煙」，不時掛在梁老嘴邊。別小覷這副聯，對偶工整，舉世無匹，「一拳」對「對面」，「眼火」對「牙煙」，何其嚴絲合縫。此聯跟「三星白蘭地，五月黃梅天」同為一絕，簡又文讚曰「珠聯璧合，平仄相符，乃神人之對也！」梁羽生搜集不少名聯，閒時與友共賞，樂趣無窮。他又好評詩，所作《民國聞人詩詞》一書中有評張恨水《啼笑姻緣》題詩，先引詩云：「畢竟人間色相空，伯勞燕子各西東。可憐無限難言隱，只在拈花一笑中。」接批：「解放後，『北京通俗文藝出版社』，重新出版《啼笑姻緣》，但上述那首詩則已刪去。我覺得此詩不過是表達作者對他所寫的『愛情悲劇』的感慨而已，給新一代的讀者看也並無『害處』，其實是不須刪去的。」足見梁老喜舊詩而不迂腐，是一個服膺傳統而又有新思想的文人，奈何受到規條文化桎梏，才華難以盡顯，天道何其不公耶！

六六年《海光文藝》佟碩之鴻文，文壇掀大波，金庸亦在第四期發文回應，此事真相漸白，佟碩之就是梁羽生的化名，指名批判金庸，不少人解說為梁老妒忌查老聲名凌駕其上有以致之，所謂吃不到的葡萄是酸的，文人稱窮酸，望文生義，頗有道理。梁老學了知堂老人，抱以不辯解態度，只緣「一談便俗」。事隔三十五年，直至羅孚先生一篇題曰〈金庸梁羽生的詩詞回目〉（刊二〇〇一年六月號《明月》）才揭示出真相，文云「直到二十二年後（八八年），我才說出了這個祕密，那其實是梁羽生的作品。」原來文章是羅孚逼著梁羽生寫的，又云——「並不是梁羽生要以合論來打擊別人、抬高自己。當時梁羽生還在《大公報》，報館上層有人還嫌他的文章批評得不夠，對金庸客氣得過了頭，有失立場呢！」至此恍然，文章乃是「奉命行事」，然而為何要抨擊金庸？原因簡單，金庸離《大公報》自立門戶，創辦奉民主自由為宗旨的《明報》，當成階級敵人，以共黨黨性，豈有不鬥臭鬥垮之理？天可憐見，梁老寄人籬下，為求三餐，焉能不低頭？上命不敢違，只好委屈從之。梁老既有「心結」，復受「委屈」，哀音嫋嫋，不絕如縷，抱憾而終，是誰之錯？你說！

港日文壇兩大巨匠

我一向覺得金庸跟司馬遼太郎很相像，於是想到把兩人合併來寫，興許有點新意！金庸無疑是劃時代大作家，他的武俠小說承先啟後，怕將「後繼無人」，人多以金、梁並重，我改弦易轍，「金庸、司馬」並列。兩人屬同類型小說家，皆愛引用歷史來寫武俠小說，司馬沿史創作，在節骨眼上稍作變通，筆下人物俱有史可據；金庸可不同，歷史是真實的，主角大多憑空杜撰，韋小寶、郭靖、楊過、令狐沖、岳不群，雖存活於歷史空間，俱是虛構，唯一進讀者心中即成有血有肉的人物，永誌不忘，這正是金庸小說的最大誘人處所，蓋歷來數偉大小說，主角必成讀者心中不可磨滅的角色，《紅樓夢》的賈寶玉、林黛玉，《金瓶梅》的西門慶、潘金蓮，《水滸傳》的武松、魯智深，《阿Q正傳》的阿Q皆如是，舉凡小說人物閒時不掛於讀者嘴角者，都不足稱傑作。

七八年詣松本清張府邸，我向他提及金庸，松本微微一怔道：「香港也有這樣的作家？」順手在小說扉頁題上名字要我轉呈金庸，金庸還禮，回贈小說全集，惜乎金庸譯作九六年登陸日本時，松本早去世，未能得讀，這是很遺憾的事。金庸小說許多專家都論述過了，我想提的，是金庸的文字。金庸的文字是悉心裁剪過的，當年小說在《明報》副刊連載時，每日一段千餘字，每夜得要花兩三小時，拈筆補綴，瀝血嘔心。唸小學時，上國文課，朱繩武老師教我看金庸文字，練習寫作。鄺健行教授有云：「金庸熟讀傳統小說，在寫作之際，有意或無意，用上一些傳統小說的寫作技法，該是自然不過的。」此話說得好，有傳統小說味道，正是金庸引人入勝的地方，若然像某些作家用歐化筆調寫古代武俠小說，以成語喻之便是「畫虎不成反類犬」；反之，金庸的武俠小說，運廣長舌，寫照傳神，點綴渲染，躍躍如生，讀之必醉，一代武俠宗師之名，當之無愧！

金庸生於一九二四年，如今已是九二松柏老人，日夕蟄居家中，看書自娛，不問世事，願他老人家長壽。

我從沒翻譯過司馬遼太郎的小說，至今引以為憾。當然，沒翻，不表示沒看，讀的不多，印象最深刻的是走偏鋒的《幕末》（電影《暗殺》，丹波哲郎、岩下志麻主演。），我打心底喜歡上小說中那位外冷內熱、神出鬼沒的幕末武士清河八郎。司馬小說最大特色是具有明顯主題，在日本稱作「主題小說」，日友華房良輔釋其旨云：「主題小說者首先便是定有主題，登場人物全為配合開展這個主題而創造，厭惡它的人會批評憑空捏造或說人物如同操線木偶。不過由於故事易懂，許多讀者都愛讀。」司馬自己也說過——「歷史小說者，史實的人物是主角，絕不能沿著主題任意描寫，因此我不採用演繹法，而改從史實抽出主題的歸納法。」又說——「《燃燒吧！劍》裡的主角土方歲三，讀者千萬不要誤解他為歷史人物，他只是我筆下創造的土方！」這就是說尊重史實，人物也會有所加工，在性格上作出合乎情節發展的元素，添枝加葉，盛茂多姿。

司馬是大作家，稿費極高，他自揭其祕，六十年代月入稿費一百萬，是當年首相月薪的四倍。其時司馬精力旺盛，一手寫三個連載，《龍馬行》、《燃燒吧！劍》、《盜國物語》，產量之豐、之精，同期的推理大師橫溝正史也自嘆弗如。小說以外，司馬最膾炙人口的作品便是在《朝日新聞》連載的《漫步街道》，用字不多，浮枝盡削，古艷自生，洵為傑作。司馬晚年接受《朝日週刊》記者訪問時，評價自己的作品，謙虛地說——「我大抵不具備作為作家的條件吧？我沒有自我。」那就是說他寫的並非那種自我膨脹的私小說，他是一位將自己壓縮至「空白」的作家，這是我們讀司馬小說時最該留神的地方。一九九六年，司馬遼太郎去世，得年七十三。當今小說凋零，文壇霧罩，金庸、司馬那樣的巨匠，豈會再有！

羅孚先生

羅孚先生走了，病纏經年，軀體遭殘，這是最終的解脫。跟羅孚的緣分僅有兩趟，一是十多年前，克亮自澳洲歸，約聚灣仔「翠湖」酒家，四人飯局，克亮、莫一點、羅孚和我。可羅孚有事，派了媳婦周蜜蜜來，原因是美國朋友臨時來訪，不能赴約，於是緣慳一面。第二趟，是一〇年吧！方寬烈詩人邀我到北角城市花園的酒家午茗，羅孚赫然在座，八十九高齡，腿欠健，耳不靈，一臉清癯。詩人作介，羅孚淺淺笑：「沈先生！我看過你的文章，不錯！」客套客套，那時我還不曾投稿「蘋果樹下」，羅孚看的，當是昔日我的渣滓蕪文。那天談了些什麼？記憶斷片，大概是環繞梁羽生先生的作品與事蹟。方詩人愛讀梁羽生的詩詞，滔滔不絕，訴說心得。羅孚光聽，我更插不了口。一頓茶喝了一個多小時，羅孚由菲傭扶著走了，臨行與我握手「有空再聚！」那也是客套話，香港人說「拜拜」的另一種表達方式，嗣後再沒見，只在「蘋果樹下」看到他的文章。

羅孚的文章，看得不多，早年在《新晚報》讀「島居雜文」，印象並不深。我對羅孚有興趣，主要出自兩樁事。一是人人都說著的「沒羅孚就沒金梁（金庸、梁羽生）」，五十多年來，此話鬧得沸沸騰騰，人人爭傳。對這事，我一直存疑，記得有人說過提議找金梁寫新派武俠小說的，並非羅孚，實是另有其人。也有人直說是金堯如先生！說話傳到我耳中，豁然醒悟，要探究竟，何不問金先生的女兒金虹女士！打電話給金虹，爽朗直率的聲音飄進耳鼓——「我爸爸跟羅孚是好朋友好同事，我爸爸負責管理香港的左派報紙（大公、文匯、新晚），羅孚是《新晚報》的老總，他們定期開會。一九五四年一月，港澳出現了一場比武，太極掌門吳公儀迎戰白鶴派第二代掌門陳克夫，在澳門『新花園』泳池搭擂台比武，雙方打成平手，引起了萬人爭議，氣勢甚盛，在會議上，我爸爸靈機一觸說：『吳陳比武吸引了不少人注意，我看正好是武俠小說抬頭的契機，羅孚！你的編輯部裡有幾枝健筆，不妨請他們寫！』羅孚應命而去，找著了梁羽生。同年一月二十日《龍虎鬥京華》連載於《新晚報》，開創了新派武俠小說，翌年又有了金庸的《書劍恩仇錄》。」因此，羅孚只能說是一個執行者，實非發起人。

二是「間諜」事件，八二年羅孚奉召回京，遭軟禁至九三年方回香港。羅孚一直「浮雲時事改，孤月此心明」，噤若寒蟬。於是謠諑紛起，不少人說羅孚確有把會議記錄洩漏給「美新處」。金虹為羅孚辯誣「先父及其子都多次追問過他，先父也問過廖公及安全部門的負責人，對朋友他是有情有義。羅一字不洩，看樣子是有默契。所以做統戰，互相交換一下非機密訊息，相信這是有的，而且是允許的。如果說收錢作間諜，絕無此事。吳秀聖（羅太）當年把他家的資產和存摺都給先父看過，先父有把握才給他到處申訴。」金堯如先生那時是香港少數能直達中央的人，他的說話真實可信。

追念金庸去世一週年

上海小李捎來微信，問起日本武俠小說《柳生一族的陰謀》作者松永弘義生平，他在上海遍查不獲，乞教於我。嘿！以為我是日本通，實則一竅勿通，只可說是半桶水，什麼都沾點兒邊，惟松永弘義倒是聽說過的。七三年秋，日本推理小說評論家權田萬治告我讀日本時代小說，松永弘義絕不可缺。那時候我只知道柴田鍊三郎和山田風太郎等幾個時代小說作家，我迷前者的《眠狂四郎圓月劍》，連看幾冊難釋手，整體結構不比金庸，個別場面詭祕奧奇，幽森玄妙，別有勝處。由於權田君的推薦，我特意跑到慶應大學圖書館。館員滿臉歉意道：「不巧得很，書剛借出去了！」為免我失望，教我選看《葉隱》，說是同級小說，甚或更好。我從書架撿得，坐在長椅子上，就著秋陽，讀了一個下午，勉強看完（原諒我，其時，我只念了半年日語，程度有限。）大抵明白，對忍術生了興趣。七四年回港，承林念萱先生介紹，替張徹寫劇本《五毒》，素材即取自《葉隱》一書。葉隱，隱於葉間，是忍術的一種。國人多以忍術神祕莫測，夜間能辨物，清朗如白晝，法力無邊，謬矣，忍術不僅不神祕，且合乎於科學精神，如擲霧丸隱身，當跟今日煙霧彈相仿；水上飄，一腳踏扁木，倚水而遁；轉身投鏢，見血封喉，中國古時書典早有記述，何神奇之有？可一經東洋人手，脫胎換骨，腐朽變神奇，嘆為觀止。再說松永弘義吧！佐賀縣人士，二〇一六年方去世，活了八十八歲，日本大學法律、歷史系畢業，寫武俠小說只為娛樂自己，主攻歷史學，著作頗豐，影響深遠。《柳生一族的陰謀》七八年經深作欣二拍成電影後，小說以電影鳴，風靡日本，作者之名則不顯，至少跟彼同期的金庸、梁羽生要比他幸運得多。

人人以為梁羽生、金庸是新派武俠小說始祖，只說對了一半，在他們之前，其實已有新派武俠小說，這便是高旅（邵慎之）以牟松庭筆名撰寫的《山東響馬傳》（與民國姚民哀的小說同名）。五十年代初，高旅筆耕不輟，商報創刊，總編輯李沙威約寫武俠小說，就交上一篇《山東響馬傳》以饗讀者。高旅非山東漢，緣何會寫山東響馬？高旅自述云——「我無意中看到報紙上的娛樂廣告，新馬仔出演山東響馬，靈機一觸，用此素材、寫成小說供《商報》。」李沙威無異議，小說刊出後，未能引起預期的轟動。老朋友羅朗析道：「讀過高旅作品的人都知道高旅文字風格欠缺浪漫，雖然題材略新，但橋段還是很傳統的。」除高旅外，還有江一明（顧鴻）的《珠海騰龍》，彼以此清還所有債務。迨金、梁冒起，高旅登時給比下去，意興闌珊，下堂求去。金、梁的武俠小說，借鑒外國小說《牛虻》、《基度山恩仇記》、《三劍俠》的寫作技巧，添上愛情浪漫，招引了大量讀者。我看過高老兄的《山東響馬傳》，風格接近梁羽生，文筆不俗，獨欠靈巧，惟高之不靈巧尤甚於梁，如此安能立足於武俠文壇？還原翰林子墨更足逍遙。

五十年代中期，金庸跟《大公報》政治立場相悖，另起爐灶，五九年五月二十日創辦《明報》，他的武俠小說更上層樓，讀者倍增，受歡迎程度，駸駸然凌駕梁羽生之上，左派文人大為厭惡，群起攻之。九十年代有人將金庸跟魯迅、茅盾並列，引起爭論，不說魯迅，金庸確然在茅盾之上。金庸小說洛陽紙貴，除了香港，東南亞各地報章爭相刊登。足見金庸小說，魅力無法擋，左派詈罵，人當耳邊風，睬你都傻！小說初時由鄺拾記輯成薄薄一冊發行，後轉交上海書局。金庸拍檔沈寶新親送樣本要求主發行部的羅琅訂書，欣然接受，每次去貨，數以百計。後來交由三育圖書文具公司發行，封面白底紅字，內附繡像一幅，十分醒目。《明報》成立出版社，金庸小說統歸旗下，哈公主政，發行折扣高至八折，大店賒帳，小店現金不送貨，條件苛刻，登門者不絕。

冷眼看金庸

金庸一共三段婚姻，三位如花美眷，我有幸聽過一位，認識一位。聽過的是二夫人朱玫，爽朗明媚，亮麗誘人，只是性子烈，凡事執著不讓步，尤其在工作上，屢跟查先生抬槓。金庸私下對人言「朱玫性烈，我忌她三分。」既稱忌憚，緣何移情別戀？你、我都想知道。粵諺云「怕老婆發達」，金庸中年發跡，當跟此有關。賢妻能臂助，夫唱婦隨，樂何如之。無人想到到頭來金庸會離婚。認識金庸的人都曉得咱們的查老闆精光收斂，不怒而威，同時兼具外柔內剛性格，你踩到他尾巴，痛徹心脾，必然絕地還擊。六十年代《大公報》的筆戰，正是明證，永不妥協，頑強抵抗，事業如此，愛情路上亦然。他第一趟婚姻，一見杭州杜小姐，整個人酥麻了，不顧後果死命追，單刀赴會，贈物獻媚，手段用盡，終奪美人歸。杜小姐目前仍存世，見過他的朋友對我說「西城，老查三個老婆皆是出色當行的美人，只是氣質各有不同，老查真有品味，杜冶秋清幽如菊，朱玫濃似玫瑰，阿May白璧無瑕，你要我挑，挑不來，只想全放進在一籃子裡，好好呵護。」

俗云「剛易折」，朱玫就是太硬朗，婚姻終於觸礁，勞燕分飛。可惜嗎？yes！離婚的殺傷力盡現朱玫身上，雖然拿得豐厚的贍養費，愛情沒有了，婚姻失敗了，對女人的打擊難以估計。聽說後來又遇人不淑，給騙了錢，精神開始不振，居然在銅鑼灣鬧市渣甸坊擺攤售賣二手手提包，恰巧為金庸的韋小寶阿樂看見，回朝稟告，康熙金庸心不忍，下旨賑濟。錢送過去，原封退還，一子不差，附言說「我才不稀罕用他的錢！」阿樂說「朱玫不要錢，看似自尊心強，不受接濟制，實則是想報復。」此話怎講？阿樂曾是神醫，分析細緻——「女人失婚，內心難忍，怨恨男人，日長時久，會有異常反應。查老闆發了大財，又係城中名人，前妻要在街上擺攤，成何體統，失禮到極。」一想，言之成理。君不見夫妻分手，女的會捨命訴說男的，幾乎連他身上的暗病也宣諸於世嗎？過氣查太太做小販，有損金庸名譽，在心靈上會有挫折感。金庸不快，並未溢於言表。他是一個不愛表達自己內心世界的男人，查太阿May曾對我說過一句話，印象深刻——「我認識他超過五十年，有時候我也不知道他到底在想什麼？」足見金庸深沉如海。金庸看書，猶如老僧入定，那是他思索的時候，旁人不容叨擾，至於想什麼？除了他自己，沒人知曉，不用問，也不必問。杜治秋熬不住，拂袖而去。金庸痛，有沒有恨？我不知道，晚年，他曾說過「我第一個太太背叛了我，」可見恨藏心中。至於跟朱玫離異，金庸對人垂淚「我對不起她。」阿樂道「有什麼對不起呢，在物質上查太已拿過了頭。」阿樂跟朱玫素有隙嫌，起因在於《華人夜報》的一段轇轕。金庸見《明報》上了軌道，雄心勃起，就想弄一張晚報過過癮。有此念頭，並不出奇，《明報》創刊伊始，便是一張小型報紙，要搞張小報白相相，實帶有飲水思源之意。他看重當年《明報》小鬼頭阿樂，讓他當上老總。小鬼頭接大令，加倍賣力，東張西羅，南奔北走，轉瞬就弄妥雛形，呈予查老闆一看：Wonderful：金庸一有興頭，就會漏出英語（小鬼真有一手！）原來阿樂的雛形具備一切銷紙元素：香艷、奇情、詭祕，獵奇，樂而不淫，嫖賭飲蕩吹，男讀者怎會不喜？老闆立即拍板，付諸實行。叵耐引起太座查二夫人的反對，以一張正統大報《明報》旗下竟出現一張低格報章，成何體統，實有礙報格，於是下懿旨反對。金庸愛妻不違事業，有已見，陪笑說「報紙有各種做法，《華人夜報》路線跟《明報》不同，但這沒什麼關係，不會有什麼影響的。」朱玫不退「Darling，你要知道《明報》現在已變成一張大報了，你的社寫評維護正義，人人爭看，這樣夠格的報紙，怎麼會容得下一張這樣的夜報？」苦苦相勸，金庸不為所動，一意孤行，埋下夫妻不和的種子。《華人夜報》面世後，銷路邕，金庸樂不可支，深慶得人。（阿樂這個小鬼，真來事！）暗暗嘉許。他的另一半，怒火攻心，大為憤懣，一怒丈夫不訥嘉言，二忌阿樂成功的腔調，功高震主，哪還了得？絕不能讓這個小鬼頭坐大，想盡法子要推阿樂出門。最後下了「愛的美敦書——「他不走我走。終柞疼發揮了作用，愛妻、愛徒，二者擇，金庸只好含淚斬馬謖，送走阿樂。可心中刺難拔除，總覺得朱玫太不懂生意經，甚至有點不近人情。幾十年後，我跟阿樂喝酒，他對我說「朱玫管我捲鋪蓋，並非單一是《華人夜報》的事件，其實暗底下她老懷疑我慫恿金庸去鬼混！」這真是冤哉枉也，阿樂慧黠靈巧，鬼點子多，卻從不作挾邪遊，除了駕車、喝酒，別無嗜好。查老闆發了迹，財產多阿樂數十倍，坐的不過一架老爺車，哪有阿樂坐擁六輛名車代步的氣勢，朱玫是完全冤了阿樂，如今阿樂亦已八十，老人說舊事，無怨，僅有惆悵。

金庸只有兩個兒子，傳俠、傳倜，傳俠精靈聰明，傳倜篤厚樸實，雖屬同一父親所生，金庸稍偏前者，傳俠愛讀書，好像乃父，金庸端湯到他嘴邊，仍懵然不覺，手不釋卷，專心程度不下於金庸，金庸老懷安慰認定是衣砵傳人。豈料十九歲時，變生肘腋，在哥倫比亞大學自殺身亡。自殺原因，一說是跟女友鬧彆扭，情海翻波有以致之；另說則是因為父母之間吵鬧，金庸有了婚外情，他無法忍受；又有一說，毛澤東去世後，深受打擊而自盡，純屬名人效應。眾說紛紜，我的看法傾向第二條原因。毛澤東西去，大抵犯不上自殘吧！傳俠據倪匡說，從小對父親有種崇拜傾向，視父為英雄白璧無瑕的英雄，如今白璧玷汙，傷心透頂，逐以死釋之。他的父親則有自己的看法，金庸說「他十一二歲就覺得人生沒有意思，他曾寫過一篇文章，說人生下來好像是掉進了深谷裡面，爬來爬去爬得遍體鱗傷，以為是爬出深谷，忽然發覺其實身處在另一個深谷，就這樣窮一生的精力地爬，卻永遠都爬不出來。」可知傳俠自幼便有佛家思想，無法諒解父母分離，不如往走淨土，一切釋然。在世的父親經喪子之痛後，化悲痛為力量，全心投入工作，編而優則仕，金庸當上官。八六年四月，金庸出任基本法起草委員會政治體制小組負責人，為香港的回歸定下法則，茲事體大，金庸覺得中央既把大任降於其身上，他得把事情做好。於是日夜苦思，廣納人言，炮製了第一份草稿，卻遭到反對，只好收回，再跟中共方面的官員商議，去蕪存菁，最終推出了著名的主流方案。金庸心中的「去蕪存菁」，在民主派人眼中成了相反詞「去菁存蕪」，引起一眾不滿。八八年一月十一日，一群青年人浩浩蕩蕩開到《明報》大廈大門口抗議。石貝這樣形容「有一天下午，《明報》門口聚集了十幾二十個學生，叫了一會口號便開始點火燒他們帶來的報紙。原來這是查先生寫關於主流方案的寫評引起公眾義憤，學生跑到《明報》大廈前面示威遊行來了，他們指責查歪曲事實，斷章取義，並燒毀當日的《明報》和影印放大令他們氣憤的社評。」《明報》副總編輯張圭陽也曾指出「在整個八十年代，當香港面對前途問題，在香港回歸中國道路與進程上，查金鏞更扮演舉足輕重角色，他分別出任香港基本法草委會及其中甚吃重的政制小組港方組長。其間，香港進行了廣泛而激烈的政制辯論。此外，在廣東省內大亞灣興建核電廠也引起社會及中港關係強烈分化。其時，《明報》及查良鏞均積極參與其內。」曾任《明報》督印人的吳靄儀則說過，社評涉及中英、中港的事情，永遠不是一個社評主筆的事情，而是查良鏞許可立場。由此可見當時八十年代的《明報》，金庸是操有生殺大權的。至於金庸為何會蹚這渾水呢？不妨聽聽石貝女士的說法——「查自己早年也很有一番政治抱負，可惜未能實現，這回在香港可以說水到渠成，中共可說是幫助查實現了很多年沒有機會展現的政治理想，也因此決定了查不可能與民主派站在一起跟中共唱反調。」隱隱透露出這時此刻的查先生已調轉了方向：五十年代離開《大公報》，從當時左的立場一轉向右，現在又慢慢左傾了。

金庸一生何有遇過如此重大的打擊？因而對政治漸漸生厭，痛定思痛，開始籌劃退隱。四月中，胡耀邦北京病逝，跟住連串事件勃生，五月分，北京學生和市民走上街頭，學生運動一發不可收拾，更加重金庸退休之念。五月二十日，金庸辭任草委會的工作，同日在《明報》創刊三十週年慶祝會上宣佈卸下社長名銜，只出任董事長一職。繼而在在第二天，五月二十一日的社評《既感痛惜，又復痛心》中寫道——「我們曾經寄以厚望，專重擁戴的政治領袖，沒有主動領導這場愛國運動而和廣大人民群眾站在一起，致國家於磐石之安，健名留青史之功，實令人既感痛惜，亦復痛心。」未幾，發生六四事件，六月四日天安門前，解放軍亂槍掃射，血腥鎮壓。金庸發表「民之所欲，民之所惡」社評。分析鎮壓行動。六月七日社評有這樣一句話——「中共內部將有一種比較開明，較咁能順應民心的力量崛起，對人民做出適當讓步，取代鄧小平的獨裁政權。」到這時候，金庸的政治春秋夢開始醒了，非常痛心，曾在社評說過這句話——「人民對這個殘暴政權的支援和期望，也一起被射殺了，輾死了⋯⋯」金庸的心同樣被輾死了。兒子英年早逝，婚姻觸礁，政治幻滅，金庸內心之苦，非外人所能知。在這時候他選擇退休，投向第三任妻子阿May懷抱，優遊林下，池館幽雅，品茗奕棋，得享前所未有的平靜和溫馨。

離開了政治名利場，金庸趨向低調，先是賣《明報》於于品海，繼而修改小說，推出新版本以饗讀者，人皆以為金庸求精益求精，我則以小人之心度君子之腹，想法有異，修改固然包括有精益求精的心意，也含打發時間和再賺一筆的企圖。要知金庸新版，銷路看俏，一看俏，腰包漲滿。金庸的新版和舊版都擁有讀者，且因新舊版之爭，令兩版銷路更旺，這是一筆天文數字，可見查老闆的生意頭腦，不遜清朝的胡雪巖也。金庸大約在九一年部署退休，其時年六十七，人生七十古來稀，已入晚年，除了修改舊作，另一打發閒暇的辦法就是讀書。九二年赴英國牛津大學當訪問學者，後又投劍橋大學，終得博士銜，是名副其實的學者。金庸當學者，人有不同看法董橋說他本身已有光環，坐著便是金庸，這話說得極好，其實金庸所有名銜，都不及「大文豪」三個字。魯迅大學中退，一生未得博士稱謂，又何有損魯迅先生一二清譽？由是觀之，金庸畢竟逃不過名韁利鎖。金庸的三位夫人，獨有第三任夫人阿May，有幸見過三次面。首先要說阿May的英文名字並非叫阿may。金庸喜稱她做阿妹，廣東話不靈光，阿妹就變成阿May，於是人人馮京作馬涼，都以為林樂怡女士的英文名字就是阿may。這真是一個美麗的誤會，想知道真的英文名字嗎？告訴你，叫做Julia，約定俗成，我們還是管她叫阿May！

第一趟見阿May是前年（一七），太陽和煦，中午我跟阿May有個約會。一週前我忽地接到了查二公子的電話說查太想跟你見見面。我愕然問其故。回說查太看到你寫查先生跟梁羽生的文章，很真實，想請你吃午餐一聚。查太有約，豈敢不從？就答應了下來，定在週六午中環國際金融中心西餐廳見面。見面前一天，傳倜來電表示明天他有要事不克來，囑我獨自赴約。那天上，我提早十分鐘到埗，阿May已在座，同檯有陶傑。我早看過阿May的照片，白如玉肪，風姿綽約，真人更勝，恍如仙人。他告訴我查先生看過那篇文章，很高興、因而著她請我吃飯，並致謝意。我有點意外，因為聽說查先生對我的印象一向平平，為啥？為的是我那坐不定、立不穩的性格，做事不專心。七十年代黃俊東，倪匡見我吊兒郎當，太不成體統，想拉我入《明報》做事。金庸一聽，擺手道：「小葉是有點兒才氣，只是不能安心立命，還是叫他多寫些稿子吧！查先生聖旨一下，《明報》大門終朝我關上，不過尚留半條縫兒，就是可以在《明報》名下任何一個刊物寫文章。因此我寫遍名系刊物：《明報》、《明晚》、《明月》、《明週》甚至旁系的《金電視》和《幸福家庭》、《明報》所有作家都沒有像我寫上這麼多的地盤，一月所得，足夠餬口，並可喝杯啤酒。金庸見我次數不多，卻已摸熟我的脾氣，教我佩服，真要謝謝他解決了我當時的生活困境。言歸正傳，先說金庸看過的那篇文章，內容述及送支票給梁羽生的事。那一年，梁羽生病倒，金偕阿May往探，有人畫蛇添足說金庸給予梁羽生一張沒填金額的支票。其實非也，我聽梁羽生關門弟子楊健思老師告我，金庸寫滬字條壓在檯上，大意是需要幫忙，請告弟」金庸看到這篇文章，感謝我為他辯誣，遂有一飯之請。同時，我也要阿May辯誣，有位吳康民博士在某報寫查夫人，竟說是陪酒女郎，錯得離譜，絕非事實；石貝也有在她的著作《我的老闆》一書裡，如此形容——「在香港報界傳說的是，當年前妻朱玫（孩子們的媽媽）跟查先生交惡，查先生心情不好，和其他朋友去北角麗池一家酒鋪喝酒，一位報界老總將陪酒女郎阿May介紹給查並囑他不要認真，交個朋友算了，畢竟阿May還小，後來才得知阿May當年只有十八歲。」文章說對了一半，查、林相識的地方的確是麗池，但不是酒鋪而是金舫酒店七樓的蜜月酒吧，阿May亦非酒吧女郎而是十六歲女侍應（詳情何如？讀者可參考本書第二章《五味雜陳的婚姻》便可，此處不再贅。）足見人言可畏，能傷雙人也能殺人，阿May給抹黑了那麼久，這是很不公平的。我本非專家，對金庸最感近興趣的，並非他的小說（我已看過無數回了），而是他的個人生活，也就是私生活。名人私生活，如果材料多，足可賀成書一卷。查先生有什麼私生活？其實無所可述：下午出門，回報館工作，晚上回來吃點東西，看一回書便休息。一年三百六十五日，除了出差或旅遊，日日如是，平淡枯燥。金庸真是一個不懂情趣的男人，阿May告訴我他常常坐著沉思，不知他在想什麼？我聽了有點失望，這樣看，金庸的私生活絕對沒有倪匡那麼豐富多彩。倪匡燈紅酒綠，呼朋喝友，結伴成行，歡樂無窮，跟金庸融正好相反，只會下下圍棋、喝點老酒、打打沙蟹，踏入晚年，這三種嗜好都沒了，平日看書消閒，說話不多，遑論情趣。

金庸晚年得病，其實是老人病，腦退化，記憶漸退，耳目不靈，行動不便，就是體能，也循日遞減，直至油盡燈枯，駕鶴西歸。人人皆知金庸病了，只是不知詳情。問過陶傑，也說並不清楚。阿May善待金庸，雇了四名護士，二十四小時輪流看顧。最好的醫生、最體貼的女護士、盡心盡意的賢妻，病中，仍享幸福。一頓飯吃了兩個小時方分手，司機來接，我跟陶傑在停車場分手，步出大廈，和風習習，心中卻記掛著金庸的病

第二趟再晤阿May，只是匆匆一瞥。金庸館開幕，阿May以主家身分出席，奇怪的是悄悄擠在人群中，沉默是金，低調得教人詫異。我還是在轉角處湊巧遇到她，輕輕叫了一聲「沈先生」，背轉身就走了，流星一顆，倏忽不見。到第三趟，阿May已成未亡人，吳思遠要我約她見面，有些事情想同她商議。我致電，爽快地應承了。星期六下午，我們在中環上海總會貴賓廳見面。經年不見，有亡夫之痛的阿May，乍看並沒有什麼異樣，剛從南韓旅遊歸來，顯得爽朗活潑，因多帶了一位祕書前來，連說「對不起，我多帶一位同事，她是專門負責查先生小說版權。」這位吳祕書，以前我也曾在電話裡跟她打過交道，是一位實事求是

的忠心職員。這時距金庸離世已有兩三個月，出版界出版金著的熱潮未消，不少出版社把他的作品推上架，還有他的專論，《明報》月刊集中各方名人專家搞了一個特輯，發刊後，集之成書，資料豐富，趣味盎如。我也動筆寫了《金庸逸事》（中國版易名《金庸往事》）。此番商議有二項，一是知會查太會有中國版《金庸往事》，二則欲購金庸小說的播音版。

先說第一項，阿May表示只要「沈先生寫，我無異議。」聽了，心頭大石掉落地。因為這本書，阿倜跟我鬧脾氣，他要我停筆，以為這是對金庸不敬。我則認為只要不涉及人身攻擊，並無不妥。何況我這本書，早在一七年初已動筆，往後陸續寫了一些。到一八年二月十三日，妻子去世，傷心欲絕，輟了筆。後來吳思遠兄勉勵我再寫下去，勉強握管，邊想邊寫，強忍痛苦，完成全書。說也湊巧，書成那天，就收到田啟文兄訊息，告以金庸去世了。我半信半疑，以前多有類此傳聞，去問陶傑，始知這回是事實。九十四歲的金庸，終於擺脫人生苦痛，趨歸淨土，跟至親相見，未始不是幸福。所以我沒有像陶傑那樣落淚，只在心中默禱查先生一路好走。態度大抵跟阿May相同，輕看生死，淡然自處。別看輕她是女流之輩，堅強果斷，更勝鬚眉。解決了中國版的問題，轉而談漫畫版權。阿May道：「吳導演，你跟吳祕書談吧！查先生的生意我從不過問食飯。」於是商議對象轉向吳祕書。不說不知道，原來金庸所有版權都交託了廣州一間叫朗星的出版社，漫畫包括其中，祕書說所以無法答應請求。吳思遠沒沮喪，笑嘻嘻道：「是嗎？那好，希望下次能合作！」阿May插話道：「難怪查先生說吳思遠這個人很好。」一頓飯吃了一個半小時，正要告別之際，阿May忽地說：「吳導演，我有一個要求，你可以滿足我嗎？」是什麼？「我想喝一杯咖啡！」阿May豎起食指：「行嗎？」「行行行，十杯都行！」我代吳思遠回答。吳祕書解釋「查太每天吃完飯，都要喝一杯咖啡，這是她的習慣。」我跟吳思遠也有這個習慣，飯後一杯咖啡。臨別時，阿May又叫停（莫非還要喝咖啡？）只見阿May滿不在乎地道：「對不起，我褲子鬆了！」一邊說，一邊雪白雙手摸住褲頭向上一抽，神態恍如少女，爛漫天真，了無機心。我幾乎忍不住笑起來，一下子我明白了，阿May，你活脫脫就是金庸筆下的小龍女！

後記　大俠去矣，巨匠不再

十月三十日黃昏接噩耗——「金庸先生仙逝矣！」沒有悲傷，只有追念。中國近代作家如金庸般有蓋世才情者，寥若晨星，現在少有，將來怕也難有。今年年初病重的妻子要我從吳思遠兄意，寫一些關於金庸先生的日常事蹟，作為紀念。我性本疏懶，卻又不忍拂妻好意，斷斷續續寫了一些。二月十三日妻去世，哀痛逾恆，遂輟筆。思遠兄知道了，鼓勵我續寫下去。我強攝精神，排日寫一點，終在十月底完稿。復獲銀匯公司籌劃出版，因而有了這本《金庸逸事》，感謝至深。

有別於其他寫金庸的書，我以曲筆描繪金庸事蹟，意在還原彼之真實面貌，用筆雅俗並重。寫此書時，金庸尚健在，書成，則駕鶴西歸矣！巨匠不再，哀哉！本書蒙楊興安博士、石貝、蔡炎培、李志清、楊健思、鄭明仁、周清霖、莫一點、謝旭江、李允熹、吳志標及Thomas Lee眾友提供照片，吳思遠兄、楊興安博士賜序，一併致謝！

西城

十月三十日夜寫於金庸去世之日

海報大師阮大勇慧眼視西城。

初晤金耀基教授（左三），得蒙賜字，喜出望外。

跟志清惺惺相惜。

跟楊興安博士、楊健思女士談金梁小說。

血歷史184　PC0920

新銳文創
INDEPENDENT & UNIQUE

金庸逸事

作　　者	沈西城
責任編輯	杜國維
圖文排版	周妤靜
封面設計	蔡瑋筠

出版策劃	新銳文創
發 行 人	宋政坤
法律顧問	毛國樑　律師
製作發行	秀威資訊科技股份有限公司 114 台北市內湖區瑞光路76巷65號1樓 電話：+886-2-2796-3638　傳真：+886-2-2796-1377 服務信箱：service@showwe.com.tw http://www.showwe.com.tw
郵政劃撥	19563868　戶名：秀威資訊科技股份有限公司
展售門市	國家書店【松江門市】 104 台北市中山區松江路209號1樓 電話：+886-2-2518-0207　傳真：+886-2-2518-0778
網路訂購	秀威網路書店：https://store.showwe.tw 國家網路書店：https://www.govbooks.com.tw

出版日期	2020年10月　BOD一版
定　　價	290元

Printed in Taiwan

國家圖書館出版品預行編目

金庸逸事 / 沈西城著. -- 一版. -- 臺北市 :
新銳文創, 2020.10
面；　公分. -- (血歷史 ; 184)
BOD版
ISBN 978-986-5540-16-6(平裝)

1.金庸 2.傳記

782.886　　109012495

讀者回函卡

感謝您購買本書，為提升服務品質，請填妥以下資料，將讀者回函卡直接寄回或傳真本公司，收到您的寶貴意見後，我們會收藏記錄及檢討，謝謝！如您需要了解本公司最新出版書目、購書優惠或企劃活動，歡迎您上網查詢或下載相關資料：http:// www.showwe.com.tw

您購買的書名：________________________

出生日期：________年________月________日

學歷：□高中（含）以下　□大專　□研究所（含）以上

職業：□製造業　□金融業　□資訊業　□軍警　□傳播業　□自由業

□服務業　□公務員　□教職　□學生　□家管　□其它____

購書地點：□網路書店　□實體書店　□書展　□郵購　□贈閱　□其他

您從何得知本書的消息？

□網路書店　□實體書店　□網路搜尋　□電子報　□書訊　□雜誌

□傳播媒體　□親友推薦　□網站推薦　□部落格　□其他________

您對本書的評價：（請填代號　1.非常滿意　2.滿意　3.尚可　4.再改進）

封面設計____　版面編排____　內容____　文／譯筆____　價格____

讀完書後您覺得：

□很有收穫　□有收穫　□收穫不多　□沒收穫

對我們的建議：________________________

____

____

____

請貼
郵票

11466
台北市內湖區瑞光路 76 巷 65 號 1 樓
秀威資訊科技股份有限公司 收
BOD 數位出版事業部

……………………………………………………………………………

（請沿線對折寄回，謝謝！）

姓　名：＿＿＿＿＿＿＿＿　年齡：＿＿＿＿　性別：□女　□男

郵遞區號：□□□□□

地　址：＿＿＿＿＿＿＿＿＿＿＿＿＿＿＿＿＿＿＿＿

聯絡電話：(日) ＿＿＿＿＿＿＿＿＿＿ (夜) ＿＿＿＿＿＿＿＿＿＿

E-mail：＿＿＿＿＿＿＿＿＿＿＿＿＿＿＿＿＿＿＿＿